कुमार विश्वास

डॉ. कुमार विश्वास पश्चिमी उत्तर प्रदेश के गाज़ियाबाद ज़िले में, 10 फ़रवरी 1970 को बसंत पंचमी के दिन पैदा हुए।

कलावादी माँ का लयात्मक लोकज्ञान व प्राध्यापक पिता का भयात्मक अनुशासन साथ-साथ मिले। इंजीनियरिंग से लेकर प्रादेशिक सेवा तक और कामू से लेकर कामशास्त्र तक, थोक में भटके, पर अटके सिर्फ़ साहित्य पर।

आईआईटी से लेकर आईटीआई तक और कुलपतियों से लेकर कुलियों तक, उनके चाहने वालों की फेहरिस्त भारत को लोकतांत्रिक समस्याओं जैसी विविध व अंतहीन है। वे टीवी की रंगीन स्क्रीन से लेकर एफएम रेडियो के माइक्रो स्पीकर तक हर जगह सुनाई-दिखाई देते हैं। करोड़ों युवा उनसे प्रेरणा पाते हैं और साहित्य को विस्तार देने के सुपथ पर बढ़ते हैं।

अब तक आपकी दो पुस्तकें प्रकाशित हुई हैं—'इक पगली लड़की के बिन' (1996) और 'कोई दीवाना कहता है' (2007)।

कुमार विश्वास

फिर मेरी याद

राजकमल पेपरबैक्स

राजकमल पेपरबैक्स में
पहला संस्करण : सितम्बर, 2019
छठा संस्करण : सितम्बर, 2024

राजकमल पेपरबैक्स : उत्कृष्ट साहित्य के जनसुलभ संस्करण

राजकमल प्रकाशन प्रा. लि.
1–बी, नेताजी सुभाष मार्ग, दरियागंज
नई दिल्ली–110 002
द्वारा प्रकाशित

शाखाएँ : अशोक राजपथ, साइंस कॉलेज के सामने, पटना–800 006
पहली मंज़िल, दरबारी बिल्डिंग, महात्मा गांधी मार्ग, प्रयागराज–211 001
1, अनमोल सोराबजी सन्तुक लेन, धोबी तलाव, मरीन लाइंस, मुम्बई–400 002
वेबसाइट : www.rajkamalprakashan.com
ई–मेल : info@rajkamalprakashan.com

यश प्रिंटोग्राफिक्स
नोएडा–201 301 (उत्तर प्रदेश)
द्वारा मुद्रित

मूल्य : ₹299

PHIR MERI YAAD
Poems by Kumar Vishwas

ISBN : 978-93-88933-60-5

जिनके हिस्से के रंग चुरा कर
शब्दों में रख दिए
उनको...

मंजु, अग्रता और कुहू को...

भूमिका

जिनके लिए जीना केवल जीते रहने की अनिवार्यता है, उनकी तो नहीं कह सकता पर युग की नियमित ताल से असंगत हम जैसे लोगों के लिए हर साँस एक कौतूहल भरा ईश्वरीय पुनर्स्मारिक है। हर पल, हर मोड़, हर आहट पर अन्दर से कोई पुकारता है कि "आओ ख़लीफ़ा, इसे जी कर दिखाओ!" और उस पल, मोड़ से गुज़र जाने पर, उस अन्दर वाले से जैसे हम चुहल सी करते हैं कि "और कुछ? या हो लिया?" इस आँखमिचौली भरे आवेग में उठते पाँवों ने अपनी अनियमित, उमंग में अप्रत्याशित आ खड़े अवरोधों को कई बार छाती-माथे पर झेला है। चोटों के खुरदरे घाव, सफलता के प्रसाधन-लेपों ने अक्सर ढक दिए पर त्वचा के पीछे उनकी हर करवट, हर मौसम, हर रात चसक-चसक कर साँस लेती रही है। मैंने उन टीसती साँसों को अक्सर गुनगुनाया है। लगता है चोट खाई मेरी साँसों की इस खुरदरी रेशम-डोर में पूरी एक दुनिया बँधी है, नहीं तो क्यों करोड़ों लोग मेरे ऐकांतिक सुर का कोरस बनते? तालियों, शॉलों-दुशालों और आह-वाह के इस नियमित शोर के बाहर खड़ा हुआ मैं, ख़ुद को अक्सर स्कूल की आख़िरी घंटी का इंतज़ार करते पाता हूँ, जैसे लकड़ी कि टिकटी में बँधे मुर्दा पीतल पर पहली थाप पड़ते ही पैरों को पंख बनाकर उड़ चलूँगा—कहाँ...किस ओर...सच में नहीं पता। हाँ, इतना अन्दाज़ा है

कि जहाँ पहुँचूँगा, उस छोर पर इस जन्म में मेरे अन्दर से गुज़र रही इस धारा का आख़िरी किनारा ज़रूर होगा। वहीं बाट जोहूँगा, एक-दो जन्म उसकी, जन्म-जन्मांतर से जिसका हूँ।

'फिर मेरी याद' इस बार की इस यात्रा में आए कुछ पड़ावों के गाते-गुनगुनाते पल हैं। आप सब और मैं शब्दों की जिस हाट में दिल-जिस्म-जाँ लुटाकर बौराए, मगन-मन नाच रहे हैं, यह किताब उसी आस्ताने का लोबान है, ख़ुशबू सहेज लीजिए। क्या फ़र्क़ पड़ता है कि उनवान ग़ज़ल का मिसरा है या गीत की ध्रुव पंक्ति। वक़्त की तितली दो पल के लिए हथेली चूमकर अपने पंखों का जो चटक रंग मेरी अँगुलियों पर छोड़कर गई थी, उसी रंग से यह किताब जिल्द में ढली है। जरा हौले से, जरा प्यार से... ❤

—कुमार विश्वास

क्रम

गीत

कविता

गीत

अभी-अभी एक गीत रचा है तुमको जीते-जीते

अभी-अभी एक गीत रचा है तुमको जीते-जीते
अभी-अभी अमृत छलका है अमृत पीते-पीते

अभी-अभी साँसों में उतरी है साँसों की माया
अभी-अभी होंठों ने जाना अपना और पराया
अभी-अभी एहसास हुआ जीवन, जीवन बोता है
ख़ुद को शून्य बनाना भी कितना विराट होता है
अभी-अभी भर दिये मधुकलश सारे रीते-रीते
अभी-अभी अमृत छलका है अमृत पीते-पीते

अभी-अभी संवाद हुए हैं चाहों में आहों में
अभी अभी चाँदनी घुली है अम्बर की बाँहों में
अभी-अभी पीड़ा ने खोजा सुख का रैनबसेरा
अभी-अभी 'हम' हो कर पिघला सब कुछ 'तेरा-मेरा'
अभी-अभी भर गया समंदर नदियाँ पीते-पीते
अभी-अभी अमृत छलका है अमृत पीते-पीते

एक चेहरा था, दो आँखें थीं

एक चेहरा था, दो आँखें थीं, हम भूल पुरानी कर बैठे
एक क़िस्सा जी कर ख़ुद को ही हम एक कहानी कर बैठे
हम तो अल्हड़-अलबेले थे, ख़ुद जैसे निपट अकेले थे
मन नहीं रमा तो नहीं रमा, जग में कितने ही मेले थे
पर जिस दिन प्यास बँधी तट पर, पनघट इस घट में अटक गया
एक इंगित ने ऐसा मोड़ा, जीवन का रथ, पथ भटक गया
जिस 'पागलपन' को करने में ज्ञानी-ध्यानी घबराते हैं
वो पागलपन जी कर ख़ुद को हम ज्ञानी-ध्यानी कर बैठे
एक चेहरा था, दो आँखें थीं, हम भूल पुरानी कर बैठे

परिचित-गुरुजन-परिजन रोए, दुनिया ने कितना समझाया
पर रोग ख़ुदाई था अपना, कोई उपचार न चल पाया
एक नाम हुआ सारी दुनिया, क़ाबा-काशी एक गली हुई
ये शेरो-सुख़न, ये वाह-वाह, आहें हैं तब की पली हुई
वो प्यास जगी अन्तरमन में, एक घूँट तृप्ति को तरस गए
अब यही प्यास दे कर जग को हम पानी-पानी कर बैठे
एक चेहरा था, दो आँखें थीं, हम भूल पुरानी कर बैठे

क्या मिला और क्या छूट गया, ये गुणा-भाग हम क्या जानें
हम ख़ुद में जल कर निखरे हैं, कुछ और आग हम क्या जानें
साँसों का मोल नहीं होता, कोई क्या हम को लौटाए

जो शीश काट कर हाथ धरे, वो साथ हमारे आ जाए
कहते हैं लोग हमें 'पागल', कहते हैं नादानी की है
है सफल 'सयाना' जो जग में, ऐसी नादानी कर बैठे
एक चेहरा था, दो आँखें थीं, हम भूल पुरानी कर बैठे

एक मैं हूँ यहाँ एक तू है

एक मैं हूँ यहाँ, एक तू है
सिर्फ़ साँसों की ही गुफ़्तगू है

चाँद के साज़ पर रोशनी
गीत गाते हुए आ रही है
तेरी ज़ुल्फ़ों से छन कर वो देखो
चाँदनी नूर बरसा रही है
वक़्त यूँ ही ठहर जाए हमदम
दिल को इतनी सी इक आरज़ू है
एक मैं हूँ यहाँ, एक तू है

दूर धरती के काँधे पे देखो
आसमाँ झूम कर झुक गया है
नर्म बाँहों के घेरे के बाहर
शोर दुनिया का चुप रुक गया है
मेरे ख़्वाबों में जो तैरती थी
अप्सरा तू वही हू-ब-हू है
एक मैं हूँ यहाँ, एक तू है

कुछ छोटे सपनों के बदले

कुछ छोटे सपनों के बदले, बड़ी नींद का सौदा करने
निकल पड़े हैं पाँव अभागे, जाने कौन डगर ठहरेंगे

वही प्यास के अनगढ़ मोती, वही धूप की सुर्ख़ कहानी
वही आँख में घुटकर मरती, आँसू की ख़ुद्दार जवानी
हर मोहरे की मूक विवशता, चौसर के ख़ाने क्या जाने
हार-जीत तय करती हैं वे, आज कौन से घर ठहरेंगे
निकल पड़े हैं पाँव अभागे, जाने कौन डगर ठहरेंगे

कुछ पलकों में बंद चाँदनी, कुछ होंठों में क़ैद तराने
मंज़िल के गुमनाम भरोसे, सपनों के लाचार बहाने
जिनकी ज़िद के आगे सूरज, मोरपंख से छाया माँगे
उन के भी दुर्दम्य इरादे, वीणा के स्वर पर ठहरेंगे
निकल पड़े हैं पाँव अभागे, जाने कौन डगर ठहरेंगे

लव-कुश की पीर

मैं भाव-सूची उन भावों की, जो बिके सदा ही बिन तोले
तनहाई हूँ हर उस ख़त की जो पढ़ा गया है बिन खोले
हर आँसू को हर पत्थर तक पहुँचाने की लाचार हूक
मैं सहज अर्थ उन शब्दों का जो सुने गए हैं बिन बोले
जो कभी नहीं बरसा खुल कर, हर उस बादल का पानी हूँ
लव-कुश की पीर, बिना गाई सीता की राम कहानी हूँ

जिनके सपनों के ताजमहल बनने से पहले टूट गए
जिन हाथों में दो हाथ कभी आने से पहले छूट गए
धरती पर जिनके खोने और पाने की अजब कहानी है
क़िस्मत की देवी मान गई पर प्रणय देवता रूठ गए
मैं मैली चादर वाले उस कबिरा की अमरित-बानी हूँ
लव-कुश की पीर, बिना गाई सीता की राम कहानी हूँ

कुछ कहते हैं, मैं सीखा हूँ अपने ज़ख़्मों को ख़ुद सी कर
कुछ जान गए, मैं हँसता हूँ भीतर-भीतर आँसू पी कर
कुछ कहते हैं, मैं हूँ विरोध से उपजी एक ख़ुद्दार विजय
कुछ कहते हैं मैं रचता हूँ ख़ुद में मर कर, ख़ुद में जी कर
लेकिन मैं हर चतुराई की सोची-समझी नादानी हूँ
लव-कुश की पीर, बिना गाई सीता की राम कहानी हूँ

फिर भी तुम्हारे चरण मेरी कामनाएँ हैं

नेह के सन्दर्भ बौने हो गए होंगे, मगर
फिर भी तुम्हारे साथ मेरी भावनाएँ हैं
शक्ति के संकल्प बोझिल हो गये होंगे, मगर
फिर भी तुम्हारे चरण मेरी कामनाएँ हैं

हर तरफ़ है भीड़, ध्वनियाँ और चेहरे हैं अनेकों
तुम अकेले भी नहीं हो, मैं अकेला भी नहीं हूँ
योजनों चल कर सहस्रों मार्ग आतंकित किए, पर
जिस जगह बिछुड़े अभी तक, तुम वहीं हो, मैं वहीं हूँ
गीत के स्वर-नाद थक कर सो गए होंगे, मगर
फिर भी तुम्हारे कंठ मेरी वेदनाएँ हैं

यह धरा कितनी बड़ी है, एक तुम क्या, एक मैं क्या
दृष्टि का विस्तार है यह अश्रु जो गिरने चला है
राम से सीता अलग हैं, कृष्ण से राधा अलग हैं
नियति का हर न्याय सच्चा, हर कलेवर में कला है
वासना के प्रेत पागल हो गए होंगे, मगर
फिर भी तुम्हारे माथ मेरी वर्जनाएँ हैं

चल रहे हैं हम, पता क्या कब-कहाँ-कैसे मिलेंगे
मार्ग का हर पग हमारी वास्तविकता बोलता है
गति-नियति दोनों पता हैं उस दीवाने के हृदय को
जो नयन में नीर लेकर पीर गाता डोलता है
मानसी-मृग मरुथलों में खो गए होंगे, मगर
फिर भी तुम्हारे साथ मेरी योजनाएँ हैं

तुम से कौन कहेगा आकर?

तुम से कौन कहेगा आकर?

कितनी रात ढलीं बिन चंदा
कितने दिन बिन सूरज बीते
कैसे तड़प-तड़प कर बिखरे
भरी आँख में सपने रीते
कौन पिये और कैसे खाए
मन को जब जोगी भा जाए
तुम को कौन सिखाये भा कर?
तुम से कौन कहेगा आकर?

उन घावों की अमर कहानी
जिन के आखर पानी-पानी
उन यादों की आपबिताई
जिन की चूनर धानी-धानी
तुम को कहाँ मिलेगा अवसर
कुछ पल रोम-रोम में बस कर
हम सा कोई सुनाये गाकर?
तुम से कौन कहेगा आकर?

मेरे मन तेरे पागलपन को

मेरे मन तेरे पागलपन को
कौन बुझाए तेरी ठंडी अगन को

दुनिया के मेले में, घूमे अकेले तू
काहे को यादों से खेले
ख़ुद से क्यूँ भागे रे, रातों को जागे रे
ख़ुशियाँ भी ग़म जैसे झेले
जागती आँखों में कैसे वो उतरे
नींदें तो दे रे सपन को
मेरे मन तेरे पागलपन को

रातों में चंदा है, दिन में है सूरज
हर सू उजालों के घेरे
आँखों की खाई में छुप के जो बैठे हैं
कटते नहीं वो अँधेरे
अपनी चलाता है, रोता है, गाता है
काहे सताये रे तन को
मेरे मन तेरे पागलपन को

भारत गीत

हर पल के गुंजन के स्वर-लय-ताल तुम्हीं थे
इतना अधिक मौन धारे हो, डर लगता है
तुम कि नवल-गति अंतर के उल्लास-नृत्य थे
इतना अधिक हृदय मारे हो,
डर लगता है

तुमको छू कर दसों दिशाएँ, सूरज को लेने जाती थीं
और तुम्हारी प्रतिश्रुतियों पर, बाँसुरियाँ विहाग गाती थीं
तुम कि हिमालय जैसे, अचल रहे जीवन भर
अब इतने पारे-पारे हो,
डर लगता है

तुम तक आकर दृष्टि-दृष्टि की प्रश्नमयी जड़ता घटती थी
तुम्हें पूछ कर महासृष्टि की हर बैकुंठ कृपा बँटती थी
तुम कि विजय के एकमात्र पर्याय-पुरुष थे
आज स्वयं से ही हारे हो,
डर लगता है

बहुत देर से सोकर जागी

बहुत देर से सोकर जागी
दिशा-वधू मौसम के गाँव
अतः डरी लज्जित-सी पहुँची
छूने दिवस-पिया के पाँव

आँखों वाली क्षितिज-रेख पर
काला-सूरज उदित हुआ
धरती का कर निज-दुहिता के
पाँव परस कर मुदित हुआ
कम्पित शब्द-गोट ने सहसा
चला एक ध्वनिवाही दाँव
बहुत देर से सोकर जागी
दिशा-वधू मौसम के गाँव

मौन-शीत पसरा घर-आँगन
की गतिविधियाँ सिमट गईं,
किरणों की दासियाँ कुहासे
के अनुसर से लिपट गईं
दृष्टि अराजक हुई, छा गयी
नभ से आपदकाली छाँव
बहुत देर से सोकर जागी
दिशा-वधू मौसम के गाँव

पल की अक्सर नादानी

ऐसा ही होता है, यूँ ही बह जाता है
जिस्म के पत्थर से वक़्त का पानी
ऐसा ही होता है, ज़िन्दगी बनती है
पल की ही अक्सर नादानी

जिसने भी छोड़ी है धरती, उसने ही दुःख सदा झेले हैं
ऐसा ही होता है जानाँ, आसमाँ पे सब अकेले हैं
ऐसा ही होता है
नीचे झमेले हैं, ऊपर अकेले हैं
पत्थर भी अन्दर से है पानी-पानी
ऐसा ही होता है
पागल से दिल में ही, छुप के यूँ बैठी है दुनिया सयानी
ऐसा ही होता है, ज़िन्दगी बनती है पल की अक्सर नादानी

क़िस्मत से जो नहीं था माँगा, क़िस्मत ने वो दिया है पूरा
दिल ने जो गाया था तराना, बस वहीं छोड़ा है अधूरा
ऐसा ही होता है
होंठों के छोरों पे, आँखों की कोरों पे
तनहा रह जाती है कोई कहानी
ऐसा ही होता है
इस ही कहानी को जीती है साँसों की निशानी
ऐसा ही होता है, ज़िन्दगी बनती है पल की अक्सर नादानी

सातवें आसमान पर, चल ना!

सातवें आसमान पर, चल ना!
चल! सितारों के जाल पर, चल ना!

दिल बिना देवता की कासी है
जिस में हर घाट पर उदासी है
कुछ है चटका हुआ सा मुझ में भी
तू भी कितने जनम से प्यासी है
मेरे अश्कों के ताल पर चल ना
सातवें आसमान पर, चल ना!

बंदिशों वाले गाँव में पल कर
यूँ रिवायत की आग में जल कर
तू ने अनगिन सितम उठाये हैं
रस्मे दुनिया की राह पर चल कर
छोड़ अब दिल की चाल पर चल ना
सातवें आसमान पर, चल ना!

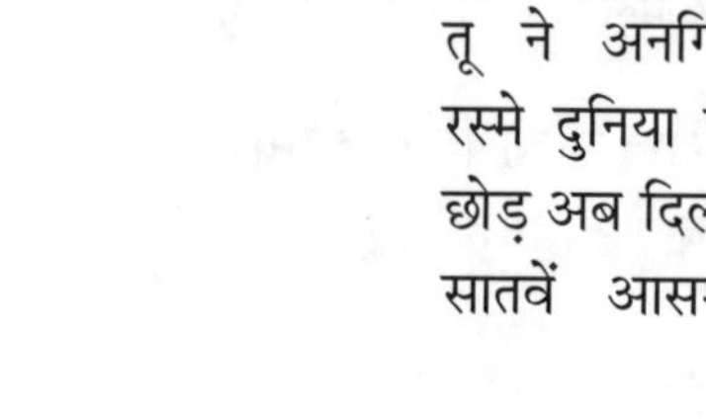

चंदा रे! ग़ुस्सा मत होना!

चंदा रे! ग़ुस्सा मत होना!
ज़ालिम था वो घना अँधेरा
जिस ने मेरा आँगन घेरा
बनते-बनते फिर से बिखरा
तेरे द्वारे का पगफेरा
शायद कोई फेंक रहा है
तुझ पर, मुझ पर जादू-टोना
चंदा रे! ग़ुस्सा मत होना!

अब तुझ से क्या राज़ छिपाऊँ
तुझ से ही चाँदनी कहाऊँ
सूरज बुझता हो बुझ जाये
तेरे छिपने से घबराऊँ!
तुझ से, मुझ से ही रोशन है
धरा-सेज का कोना-कोना!
चंदा रे! ग़ुस्सा मत होना!

सच के लिए लड़ो मत साथी

सच के लिए लड़ो मत साथी,
भारी पड़ता है!
जीवन भर जो लड़ा अकेला
बाहर-अन्दर का दुःख झेला
पग-पग पर कर्तव्य-समर में
जो प्राणों की बाज़ी खेला
ऐसे सनकी कोतवाल को
चोर डपटता है!
सच के लिए लड़ो मत साथी,
भारी पड़ता है!

किरणों को दाग़ी बतलाना
या दर्पण से आँख चुराना
कीचड़ में धँस कर औरों को
गंगा जी की राह बताना
इस सब से ही अन्धकार का
सूरज चढ़ता है!
सच के लिए लड़ो मत साथी,
भारी पड़ता है!

शांत रहो, कोलाहल है!

तम शाश्वत है, रात अमर है
गिरवी पड़े उजाले बोले
सूरज को युगधर्म सिखाते
अँधियारों के पाले बोले
चीर-हरण पर मौन साधते
प्रखर-मुखों के ताले बोले
बधिरों के हित रचो युग-ऋचा
वाणी के रखवाले बोले
कहा समस्या ने निदान से
हल ना होना ही हल है
प्रतिध्वनियाँ ध्वनियों से बोलीं
शांत रहो, कोलाहल है!

संविधान से सत्ता बोली
हुकुम-उदूली जारी है
कहा न्याय ने निर्दोषों से
सच कहना बीमारी है
खेतों से पटवारी बोला
श्रम पर स्याही भारी है
घुटी चीख़ से पीड़ा बोली
कंठ बहुत आभारी है
सर्पिणियाँ मणियों से बोलीं

बाहर बड़ा हलाहल है
प्रतिध्वनियाँ ध्वनियों से बोलीं
शांत रहो, कोलाहल है!

खेतों से कॉलोनी बोली
हर क़ब्ज़ा अनुशासन है
पंतजलि से कहा योग ने
च्यवनप्राश ही आसन है
विदुर–नीति विदुरों से बोली
परम सत्य इंद्रासन है
मतदाता से कहा भूख ने
लोकतंत्र ही राशन है
संसद की लाचारी बोली
चुप्पी चीख़ों का हल है
प्रतिध्वनियाँ ध्वनियों से बोलीं
शांत रहो, कोलाहल है!

धर्मराज से तृष्णा बोली
यक्ष–प्रश्न टाले जाएँ
आस्तीन ने किया निवेदन
कुछ विषधर पाले जाएँ
घाट घेरते पंडे बोले
सागर तक नाले जाएँ
एकलव्य से गुरुकुल बोले
कटे अँगूठे ले जाएँ
प्रश्न वही प्रासंगिक है जो
हल होकर भी बेहल है
प्रतिध्वनियाँ ध्वनियों से बोलीं
शांत रहो, कोलाहल है!

घर कब तक आओगे

जागी हुई आँख के सपनो!
सबसे अधिक पराए अपनो!
पूछ रही हैं पलक, दृष्टि के
घर कब तक आओगे?

भ्रम को जीवन, जीवन को भ्रम
प्रकृति-नियति का मंडित व्यतिक्रम
एक अकेले जनम-जगत को
कितना भरमाओगे?

उस कचनार लिपे आँगन की छाया पूछ रही है
छुअनों से पहचानी थी, वह माया पूछ रही है
पथरीली उम्मीद तले जो अब तक लहराती है
हर आहट पर 'वापस आया-आया?' पूछ रही है
अधरों के बंधक संवादो!
मौन जड़े अतिपूरित आधो!
इक उन्मुक्त हँसी के आगे
कब तक खुल जाओगे?
पूछ रही हैं पलक, दृष्टि के
घर कब तक आओगे?

जोड़-घटा करने में उलझा साँसों का अनिवासी
पानी-पानी पिघल रही है तृष्णा प्यासी-प्यासी
हर पल के कोलाहल में पलते मुखरित सन्नाटे
बाट जोहती उत्सव के द्वारे पर मूक उदासी
साथ पले शाश्वत अनजानो!
भूल-भ्रमित जानो-पहचानो!
कब तक यूँ आयोजित सुख का
समरस दुख पाओगे?
पूछ रही हैं पलक, दृष्टि के
घर कब तक आओगे?

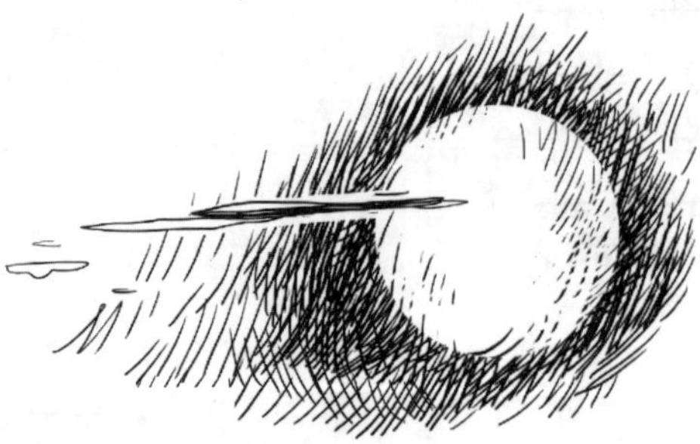

अब से हम भी मौन रहेंगे

अब से हम भी मौन रहेंगे!
सब कितना-कितना रहते हैं
सब कितना-कितना सहते हैं
हम क्या कुछ भी नहीं सहेंगे?
अब से हम भी मौन रहेंगे!

हम ने बहुत सताया सब को
सब का कष्ट बताया सब को
कितने अच्छे से सोये थे
ख़ामख़्वाह जगाया सब को
अब पक्का है कुछ न कहेंगे!
अब से हम भी मौन रहेंगे!

जो इस जगती के स्वामी हैं
सुख-साधन के हितकामी हैं
ज्ञानी, वक्ता, बुद्धि-विशारद
जिन चरणों के परनामी हैं,
हम भी वो ही चरण गहेंगे!
अब से हम भी मौन रहेंगे!

अँधेरे वक़्त में भी गीत गाए जाएँगे

प्यार जब जिस्म की चीख़ों में दफ़न हो जाए
ओढ़नी इस तरह उलझे कि क़फ़न हो जाए
घर के एहसास जब बाज़ार की शर्तों में ढलें
अजनबी लोग जब हमराह बन के साथ चलें
लबों से आसमाँ तक सबकी दुआ चुक जाए
भीड़ का शोर जब कानों के पास रुक जाए
सितम की मारी हुई वक़्त की इन आँखों में
नमी हो लाख मगर फिर भी मुस्कुराएँगे
अँधेरे वक़्त में भी गीत गाए जाएँगे

लोग कहते रहें इस रात की सुबह ही नहीं
कह दे सूरज कि रौशनी का तजुर्बा ही नहीं
वो लड़ाई को भले आर-पार ले जाएँ
लोहा ले जाएँ, वो लोहे की धार ले जाएँ
जिसकी चौखट से तराजू तक हो उन पर गिरवी
उस अदालत में हमें बार-बार ले जाएँ
हम अगर गुनगुना भी देंगे तो वो सब के सब
हम को काग़ज़ पे हरा के भी हार जाएँगे
अँधेरे वक़्त में भी गीत गाए जाएँगे

हम हैं देसी, हाँ मगर हर देश में छाए हैं हम

एशिया के हम परिंदे, आसमाँ है हद हमारी
जानते हैं चाँद सूरज ज़िद हमारी, ज़द हमारी
हम वही, जिसने समंदर की लहर पर बाँध साधा
हम वही, जिनके लिए दिन-रात की उपजी न बाधा
हम, कि जो धरती को माता मान कर सम्मान देते
हम, कि जो चलने से पहले मंज़िलें पहचान लेते
हम वही, जो शून्य में भी शून्य रचते हैं निरंतर
हम वही, जो रौशनी रखते हैं सबकी चौखटों पर
उन उजालों का यही पैगाम ले आए हैं हम
हम हैं देसी, हाँ मगर हर देश में छाए हैं हम

ज़िंदा रहने का असल अंदाज़ सिखलाया है हमने
ज़िंदगी है ज़िंदगी के बाद समझाया है हमने
हमने बतलाया कि क़ुदरत का असल अंदाज़ क्या है
रंग क्या है, रूप क्या है, महक क्या है, स्वाद क्या है
हमने दुनिया में मुहब्बत का असर ज़िंदा किया है
हमने नफ़रत को गले मिल-मिल के शर्मिंदा किया है
इन तरक़्क़ी के ख़ुदाओं ने तो घर को डर बनाया
इन बड़े ख़ाली मकानों को हमीं ने घर बनाया
हम न आते तो तरक़्क़ी इस क़दर ना बोल पाती
हम न आते तो ये दुनिया खिड़कियाँ ना खोल पाती

हैं जसोदा के यहाँ पर देवकी जाये हैं हम
हम हैं देसी, हाँ मगर हर देश में छाए हैं हम

इस धरा से भी वफ़ादारी का प्रण हमने चुना है
पूरी दुनिया अपना घर है, ये ही बचपन से सुना है
हम, कि जो सरहद से दूरी पर हैं लेकिन लाम पर हैं
हम, कि जो होली, दीवाली, ईद पर भी काम पर हैं
हमने पतझर भर लिया है ख़ुद ही अपने सावनों में
तब कहीं चुन-चुन किरण भेजी है घर के आँगनों में
रौशनी के इस बड़े मेले में हम खोए नहीं हैं
आँसुओं का हम समुन्दर हैं मगर रोए नहीं हैं
ख़ुद ही ख़ुद का कल मिटाकर ख़ुद ही ख़ुद को आज देगा
हम इसी आशा में जीते हैं, वतन आवाज़ देगा
क्रांति की ज्वाला यहाँ भी ख़ुद में सुलगाए हैं हम
हम हैं देसी, हाँ मगर हर देश में छाए हैं हम

होंठों पर गंगा हो, हाथों में तिरंगा हो

दौलत न अता करना मौला
शोहरत न अता करना मौला
बस इतना अता करना, चाहे
जन्नत न अता करना मौला
शम्मा-ए-वतन की लौ पर जब क़ुरबान पतंगा हो
होंठों पर गंगा हो, हाथों में तिरंगा हो

बस एक सदा ही सुनें सदा
बर्फ़ीली मस्त हवाओं में
बस एक दुआ ही उठे सदा
जलते-तपते सहराओं में
जीते जी इसका मान रखें
मर कर मर्यादा याद रहे
हम रहें कभी ना रहें, मगर
इसकी सज-धज आबाद रहे
गोधरा न हो, गुजरात न हो, इंसान न नंगा हो
होंठों पर गंगा हो, हाथों में तिरंगा हो

गीता का ज्ञान सुनें न सुनें
इस धरती का यश-गान सुनें
हम सबद-कीर्तन सुन न सकें

भारत माँ का जयगान सुनें
परवरदिगार, मैं तेरे द्वार पर ले पुकार ये आया हूँ
चाहे अज़ान ना सुनें कान, पर
जय-जय हिन्दुस्तान सुनें
जन मन में उच्छल देश प्रेम का जलधि तरंगा हो
होंठों पर गंगा हो, हाथों में तिरंगा हो

कविता

बच्चों के क्या नाम रखे हैं?

भाषण देने कभी गया था
मथुरा के कोई कॉलिज में
रस्ते भर खाने के पैसे बचा लिए थे।
और ख़रीदे थे जो मैंने
जन्मभूमि वाले मंदिर से,
मुझे देख जो मुस्काते थे
नटखट शोख़ इशारे कर के,
तुम्हें देख जो शरमाते थे,
सहज रास आँखों में भर के,
आले में चुपचाप अधर पर वेणु टिकाये,
अभी तलक क्या वो छलिया घनश्याम रखे हैं?
बच्चों के क्या नाम रखे हैं?

आँसू की बारिश में भीगे
ठोड़ी के जिस तिल को मैंने
विदा-समय पर चूम लिया था
और कहा था 'मन मत हारो'
तुम से अनगाया गाया है
तुमको खो कर भी पाया है
चाहे मैं दुनिया भर घूमूँ,
धरती भोगूँ, अम्बर चूमूँ

इस तिल को दर्पण में जब भी कभी देखना,
यही समझना—
ठोड़ी पर यह तिल थोड़ी है,
जग-भर की नज़रों से ओझल,
मेरी भटकन रखी हुई है,
मेरे चारों धाम रखे हैं।
सच बतलाओ, नए प्रसाधन के लेपन में
चेहरे की चमकीली परतों के ऊपर भी
जिसमें तुमको 'मैं' दिखता था।
गोरे मुखड़े वाली
चाँदी की थाली में अब तक भी
क्या मेरे शालिग्राम रखे हैं?
बच्चों के क्या नाम रखे हैं?

सरस्वती पूजन वाले दिन,
मेरा जन्म-दिवस भी है जो,
बाँधी थी जो रंग-बसन्ती वाली साड़ी,
फाल ढूँढने को जिस का मैं
तीन-तीन बाज़ारों तक ख़ुद
दौड़-दौड़ कर फैल गया था,
बी. एड. की गाइड हो या हो
लव-स्टोरी की वी.सी.डी.,
मौसी के घर तक जाने को,
सीट घेरनी हो जयपुर की बस में चाहे,
ऐसे सारे ग़ैर-ज़रूरी काम, ज़रूरी हो जाते थे,
एक तुम्हारे कहने भर से।
अब जिस के संग निभा रही हो,
हँस-हँस कर अनमोल जवानी,

उस अनजाने, उस अनदेखे,
भाग्यबली के हित भी तुमने
ऐसे ही क्या गैर-ज़रूरी काम रखे हैं?
बच्चों के क्या नाम रखे हैं?

ये इतने लोग कहाँ जाते हैं सुबह-सुबह

ये इतने लोग कहाँ जाते हैं सुबह-सुबह?
ढेर सी चमक-चहक चेहरे पे लटकाए हुए
हँसी को बेचकर बेमोल वक़्त के हाथों
शाम तक उन ही थकानों में लौटने के लिए
ये इतने लोग कहाँ जाते हैं सुबह-सुबह?

ये इतने पाँव सड़क को सलाम करते हैं
हरारतों को अपनी बक़ाया नींद पिला
उसी उदास और पीली सी रौशनी में लिपट
रात तक उन ही मकानों में लौटने के लिए
ये इतने लोग कहाँ जाते हैं सुबह-सुबह
शाम तक उन ही थकानों में लौटने के लिए

ये इतने लोग, कि जिनमें कभी मैं शामिल था
ये सारे लोग जो सिमटें तो शहर बनता है
शहर का दरिया क्यों सुबह से फूट पड़ता है
रात की सर्द चट्टानों में लौटने के लिए
ये इतने लोग कहाँ जाते हैं सुबह-सुबह
शाम तक उन ही थकानों में लौटने के लिए

ये इतने लोग, क्या इनमें वो लोग शामिल हैं
जो कभी मेरी तरह प्यार जी गए होंगे

या इनमें कोई नहीं ज़िन्दा, सिर्फ़ लाशें हैं
ये भी क्या ज़िन्दगी का ज़हर पी गए होंगे
ये सारे लोग निकलते हैं घर से, इन सबको
इतना मालूम है, जाना है, लौट आना है
ये सारे लोग भले लगते हों मशीनों से
मगर इन ज़िन्दा मशीनों का इक ठिकाना है
मुझे तो इतना भी मालूम नहीं जाना है कहाँ?
मैंने पूछा नहीं था, तूने बताया था कहाँ?
ख़ुद में सिमटा हुआ, ठिठका सा खड़ा हूँ ऐसे
मुझपे हँसता है मेरा वक़्त, तेरे दोनों जहाँ
जो तेरे इश्क़ में सीखे हैं रतजगे मैंने
उन्हीं की गूँज पूरी रात आती रहती है
सुबह जब जगता है अम्बर तो रौशनी की परी
मेरी पलकों पे अंगारे बिछाती रहती है
मैं इस शहर में सबसे जुदा, तुझ से, ख़ुद से
सुबह और शाम को इकसार करता रहता हूँ
मौत की फ़ाहशा औरत से मिला कर आँखें
सुबह से ज़िन्दगी पर वार करता रहता हूँ
मैं कितना ख़ुश था चमकती हुई दुनिया में मेरी
मगर तू छोड़ गया हाथ मेरा मेले में
इतनी भटकन है मेरी सोच के परिंदों में
मैं ख़ुद से मिलता नहीं भीड़ में, अकेले में
जब तलक जिस्म ये मिट्टी न हो फिर से, तब तक
मुझे तो कोई भी मंज़िल नज़र नहीं आती
ये दिन और रात की साज़िश है, वगरना मेरी
कभी भी शब नहीं ढलती, सहर नहीं आती
तभी तो रोज़ यही सोचता रहता हूँ मैं
ये इतने लोग कहाँ जाते हैं सुबह-सुबह?

...विदा लाडो *

...विदा लाडो
तुम्हें कभी देखा नहीं गुड़िया!
तुमसे कभी मिला नहीं लाडो!
मेरी अपनी दुनिया की अनोखी उलझनों में
और तुम्हारी ख़ुद की थपकियों से गढ़ रही
तुम्हारी अपनी दुनिया की
छोटी-छोटी सी घटत-बढ़त में,
कभी वक़्त लाया ही नहीं हमें आमने-सामने।
फिर ये क्या है कि
नामर्द हथेलियों में पिसी
तुम्हारी घुटी-घटी चीख़ें,
मेरी थकी नींदों में
हाहाकार मचाकर मुझे सोने नहीं देतीं?
फिर ये क्या है कि तुम्हारा
'मैं जीना चाहती हूँ माँ' का
अनसुना विहाग
मेरे अन्दर के पिता को धिक्कारता रहता है?
तुमसे माफ़ी नहीं माँगता चिरैया!
बस हो सके तो अगले जनम

* दिल्ली के बहुचर्चित दामिनी कांड के समय लिखी गई।

मेरी बिटिया बन कर
मेरे आँगन में हुलसना बच्चे!
विधाता से छीन कर
अपना सारा पुरुषार्थ लगा दूँगा
तुम्हें भरोसा दिलाने में कि
'मर्द' होने से पहले
'इंसान' होता है असली 'पुरुष'!

इस साल न हो पुर–नम आँखें

इस साल न हों पुर–नम आँखें, इस साल न वो ख़ामोशी हो
इस साल न दिल को दहलाने वाली बेबस–बेहोशी हो
इस साल मुहब्बत की दुनिया में, दिल–दिमाग़ की आँखें हों
इस साल हमारे हाथों में आकाश चूमती पाँखें हों
ये साल अगर इतनी मुहलत दिलवा जाए तो अच्छा है
ये साल अगर हमसे हम को, मिलवा जाए तो अच्छा है
चाहे दिल की बंजर धरती सागर भर आँसू पी जाए
ये साल मगर कुछ फूल नए खिलवा जाए तो अच्छा है
ये साल हमारी क़िस्मत में कुछ नए सितारे टाँकेगा
ये साल हमारी हिम्मत को कुछ नई नज़र से आँकेगा
इस साल अगर हम अम्बर से दुःख की बदली को हटा सके
तो मुमकिन है कि इसी साल हम सब में सूरज झाँकेगा

तुम्हारा फ़ोन आया है

अजब सी ऊब शामिल हो गयी है रोज़ जीने में
पलों को दिन में, दिन को काट कर जीना महीने में
महज़ मायूसियाँ जगती हैं अब कैसी भी आहट पर
हज़ारों उलझनों के घोंसले लटके हैं चौखट पर
अचानक सब की सब ये चुप्पियाँ इक साथ पिघली हैं
उम्मीदें सब सिमट कर हाथ बन जाने को मचली हैं
मेरे कमरे के सन्नाटे ने अँगड़ाई सी तोड़ी है
मेरी ख़ामोशियों ने एक नग़मा गुनगुनाया है
तुम्हारा फ़ोन आया है, तुम्हारा फ़ोन आया है

सती का चौतरा दिख जाए जैसे रूप-बाड़ी में
कि जैसे छठ के मौक़े पर जगह मिल जाए गाड़ी में
मेरी आवाज़ से जागे तुम्हारे बाम-ओ-दर जैसे
ये नामुमकिन सी हसरत है, ख़याली है, मगर जैसे
बड़ी नाकामियों के बाद हिम्मत की लहर जैसे
बड़ी बेचैनियों के बाद राहत का पहर जैसे
बड़ी गुमनामियों के बाद शोहरत की मेहर जैसे
सुबह और शाम को साधे हुए इक दोपहर जैसे
बड़े उन्वान को बाँधे हुए छोटी बहर जैसे
नई दुल्हन के शरमाते हुए शाम-ओ-सहर जैसे

हथेली पर रची मेहँदी अचानक मुस्कुराई है
मेरी आँखों में आँसू का सितारा जगमगाया है
तुम्हारा फ़ोन आया है, तुम्हारा फ़ोन आया है

पेन की नोक पर

पेन की नोक पर
आतुर उमड़ पड़ते शब्द
आज सहमे संकोच में
ठिठके हैं प्रहरों से
मुझ में बंद कथन से
असम्पृक्त, अगम, अकथ, असह्य
जानते हैं ये अराजक
जैसे शैतान बच्चों के
अकारण पिट जाने पर
माँ के विवश हाथों
ऐसे गुमसुम चौकन्ने
चाहते हैं
बीत जाए
कुछ कठिन वक़्त
यूँ ही बेसबब छितराए
पेन की नोक पर
कल शायद
या फिर कभी
रौ में लहराएँ ये गीतवंशी
पेन की नोक से
फिर अनहद उमग

भूल कर कि यूँ ठिठके थे
चोटिल, गतिबाधित, निरुपाय
एक दिन कुछ प्रहर
पेन की नोक पर

मेरे सपनों के भाग में

कि जैसे दुनिया देखने की
ज़िद के सही साँझ
न होने पर पूरा,
सो जाए मचल-मचल कर,
रोता हुआ बच्चा!
तो तैर आती हैं
उस के सपनों में,
वही चमकीली छवियाँ;
जिन के लिए लड़ कर,
हार-थक गया था,
पत्थर-दुनिया से जाग में!
ऐसे उतर आती हो तुम
रात-रात भर
मेरे सपनों के भाग में

माँ

माँ
पालती है
पेड़ एक
लाड़ से
प्यार से
दुलार से।
माँ सुलाती है
लोरी गा
पिलाती है दूध
लुटाती है
तन-मन-प्राण
पेड़
होता बड़ा ज्यों-ज्यों
जड़ें
उसकी मजबूत
घुस जाती हैं
माँ में
हाथ-पैर में
दिमाग़ में
और दिल में
चूसता है

ख़ून-पानी-माँस
महँगे आँसू
पेड़ पाता
विस्तार अद्‌भुत
देखता संसार
रुककर राह में
कितना बड़ा है पेड़
कितना लम्बा है पेड़
पेड़ बढ़ता
निस-दिन
माँ से धँसी
जड़ों से
दूर होता
निस-दिन

कुम्भ में तुम

रात को पुल से देखता हूँ मैं
दूर तक फैली धार संगम की
दूर दुनिया के किसी हिस्से में
तुम जो इस वक़्त किसी के सीने
लग के चुपचाप सो गई होगी
अब तलक आ के मिल के बहती हो
गंगा-जमना की धार में घुल कर
ज़िन्दगी कुम्भ है मेरी हरपल
हर तरफ बिजलियाँ है, हलचल है
कितने ही शोरदार मेले हैं,
पर मेरी 'लुप्त शारदा' अब तक
मुझ में छोड़े थे जो कभी तूने,
सरगमी मौन वो अकेले हैं!

वंश नहीं चलता कान्हा

राधा होना कितना दुरूह
तुम ने आकर पूछा होता
मटमैले इस जमुना-जल से
यज्ञाश्व जिन्हें अपने पैरों के तले
कुचलकर कर बढ़ा सदा
जिन के होने का दोष
समय ने युग-पुकार पर मढ़ा सदा
द्वारकाधीश हो जाने से
जल कर मुरझाई पलकों के
काले गड्ढों में छितराए
हरनिले सपनों की हत्या का
दोष नहीं मिटता कान्हा
दंश भले चसके युग-युग
पर इन विजयों का
सच पूछो तो
वंश नहीं चलता कान्हा

ख़्वाब इतने तो दग़ाबाज़ न थे

ख़्वाब इतने तो दग़ाबाज़ न थे मेरे कभी
ख़्वाब इतनी तो मेरी नींद नहीं छलते थे
रात की बात क्या, इक दौर में ये ख़ानाबदोश
दिन निकलते ही मेरे साथ-साथ चलते थे

मैं इन्हें जब भी पनाहों में जगह देता हुआ
अपनी पलकों की मुँडेरों पे सजा लेता था
पूरा मौसम इन्हीं ख़्वाबों की सुगंधों से सजा
मेरे चटके हुए नग़्मों का मज़ा लेता था
कुछ हवाओं के परिन्दे इन्हीं ख़्वाबों में लिपट
चाँद के साथ मेरी छत पे आ के मिलते थे
ये आँधियों को दिखा कर मुराद की जीभें
मेरी आँखों में चिराग़ों की तरह जलते थे
और ये आज की शब इनकी हिमाक़त देखो
इतनी मिन्नत पे भी ये एक पलक-भर ना रुके
इनकी औक़ात कहाँ? ये है मुक़द्दर का फ़रेब
इतनी ज़िल्लत, कि मेरे इश्क़ का दस्तार झुके
ये भी दिन देखने थे आज तुम्हारे बल पर
ख़्वाब कि मुर्दा रियाया के भी यूँ पर निकले

तुम्हारी बातें, निगह, वादे तो तुम जैसे थे
तुम्हारे ख़्वाब भी तुम जैसे ही शातिर निकले

गली के मोड़ पे ठिठका हुआ बचपन मेरा
रात सपने में उतर आया था हँसता-गाता
अभी तक नींद से लड़ता हुआ सोता हूँ मैं
फिर से जी पाऊँ वही साल, वही दिन, पल-छिन
जानता हूँ कि ये है ख़्वाब और टूटेगा
फिर भी मैं नींद के दरवाज़े पे मिन्नतक़श हूँ

लौटते समंदर की रेत पर

लौटते समंदर की रेत पर
बची रह गई प्यास की लकीरों जैसी
आधी रात इक गुमनाम स्टेशन के
ऊबे हुए मुसाफ़िरख़ाने की
थक कर पकती नीदों में
गूँजतीं इंजन की रोबदार आवाज़
मुझे करवटें बदलवा कर
फिर-फिर याद दिलाती है
इक अनहद अब भी ज़िन्दा है
जो बस तुम्हारी आवाज़ से जगता है

वो आवाज़

मैंने आवाज़ दी
तुम ने सुनी नहीं
तुम ने आवाज़ भेजी
मुझे मिली नहीं
दुनिया ने आवाज़ फेंकी
मुझ पर गिरी नहीं
अब इक आवाज़ ढूँढ़ रहा हूँ
ख़ुद में उतर कर
जिस में मैं कह दूँ
और तुम सुन लो
इस एहतियात के साथ
कि दुनिया समझे न
अन्दर बहुत फिसलन है
और लौटना भी तो है
ज़रा हाथ बढ़ाना
बस कुछ ही दूर है
वो आवाज़

क्षमा तुम

पवन ने कहा
सौंप दो मुझे
अपना सब सत्व
तमस व रजत
चाहती हूँ मैं
स्वयं से जोड़ना
तुमको
यही होगी गति उत्तम
शब्द सार्थक
नियति उत्तम
किन्तु मुझे करना
क्षमा तुम
मैं रहूँगी—वहीं
अपने चन्दन वन में
बहूँगी वहीं
तुम्हारी धरती पर
आ नहीं सकती
अभी मैं
कभी मैं
किन्तु फिर भी
मैं सदा उत्सुक हूँ

तुमसे सहज
व्यापार हेतु
प्यार हेतु

सार्त्र!

सार्त्र!
तुम्हें आदमी के
अस्तित्व की चिन्ता है न?
दुखी मत हो दार्शनिक
मैं तुम्हें सुझाता हूँ
क्षणों को
पूरे आत्मबोध के साथ
जीते हुए
आदमज़ाद की
सही तस्वीर दिखाता हूँ—
भागती ट्रामों
दौड़ती कारों
और हाँफती ज़िन्दगी के किनारे
वहाँ दूर
नगर निगम के पार्क में—
प्राणवान अँगुलियों के सहारे
बेमतलब घास चुनते
अपने मौन से
अनंत सर्गों का
संवेदनशील महाकाव्य बुनते
यदि दो युवा प्रेमियों को

तुम कभी देख पाओगे
तो उसी दिन से
ओ चिन्तक!
महायुद्धों की
विभीषिका को भूलकर
तुम सचमुच
आदमज़ाद के
समग्र अस्तित्व की
महत्ता पहचान जाओगे

तुम

तुम
समझ तो रही हो न, प्रीतो!
वे सब बातें
जो मैं
इस सूने कमरे की
दीवारों को
समझा रहा हूँ
आधी रात से
तुम
गुनगुना तो रही हो न, प्रीतो!
वे सब गीत
जो मैं
तिल-तिल कर
मरते हुए
रच रहा हूँ
तुम
देख तो रही हो न, प्रीतो!
वे सब पाप
जो मैं
तुम्हारी पवित्रता से
डरते हुए

कर रहा हूँ
ओ मेरी
एकमात्र श्रोता!
देखता हूँ
तुम कब तक नहीं सुनतीं

लाख भीगे ज़मीन का आँचल

लाख भीगे ज़मीन का आँचल
लाख किरनों की आँख गीली हों
चाहे रोये सुबह की तनहाई
या कि शामें उदास पीली हों
तुम को क्या काम, ये पता रक्खो
अब कि बारिश में हम कहाँ पर हैं
तुम को ये वक़्त की इजाज़त कब
किस के सीने में ग़म कहाँ पर हैं
ठीक भी है कि तुम ख़ुदा हो मेरे
और बस एक का ख़ुदा कब है
मेरे होने न होने का मतलब
तुम्हारे वास्ते जुदा कब है

तुम्हें मुझ से पूछना था!

तुम्हें मुझ से पूछना था कि
पूछना जगह देना होता है
तुम्हें मुझ से पूछना था कि
इस से तुम्हें भी जगह मिलती
पर तुम ने सोचा होगा
कि पूछ कर कहीं जगह तो न खो दूँगा ?
मुझे ही पूछने देते अगर तुम
तो पूछती मैं कि कुछ पूछना तो नहीं तुम्हें ?
सब ओर से चिने अपने कवच में भी
इतने असुरक्षित क्यूँ हो तुम ?
कि पूछने भर के अंदेशे से ढह जाते हो ?

जब छुआ साथ तुलसी चौरा

जब साथ छुआ तुलसी चौरा,
आँखों में साँसों को खींचे
तुम से जो वादा किया कभी,
पड़िया जी के पीपल नीचे
तुम ने चाहा था ख़ुश रहना,
ख़ुद, ख़ुशी सदा मुझ से सीखे
दुनिया भर के संकल्प सतत,
पूरे होते मुझ में दीखे
खुद से अनुबंध किया है अब,
मन को निर्बंध किया है अब
गत–विगत मुक्त हो सकने का,
सम्पूर्ण प्रबन्ध किया है अब
इस नए साल के पहले दिन,
तुम से बाहर सोचा तो है
मन–प्राण सुमरनी छोड़ेंगे,
सुनते तो हैं होता तो है...

बोलो रानी क्या नाम करूँ ?

बोलो रानी क्या नाम करूँ?
क्या गोपन-गोपन नाद सुनूँ?
या जनम-जनम बदनाम करूँ?
किरणों की सुर्ख़ अलगनी पर
जिस दिन तुम टाँग गई थीं दिन,
उस दिन से आँखों का सूरज,
रातों में कभी नहीं बदला,
आँगन में बिछे हुए मौसम
और उस की गर्म साज़िशों से,
अम्बर पिघला, तारे पिघले
ये सपना कभी नहीं पिघला
अब तुम बोलो इस क़िस्से में
क्या ख़ास रखूँ, क्या आम करूँ?

साल मुबारक

उम्र बाँटने वाले उस ठरकी बूढ़े ने
दिन लपेट कर भेज दिए हैं
नए कैलेंडर की चादर में
इनमें कुछ तो ऐसे होंगे
जो हम दोनों के साझे हों।
सब से पहले
उन्हें छाँट कर गिन तो लूँ मैं!
तब बोलूँगा
'साल मुबारक'
वरना अपना पहले जैसा
हाल मुबारक

मुक्तक

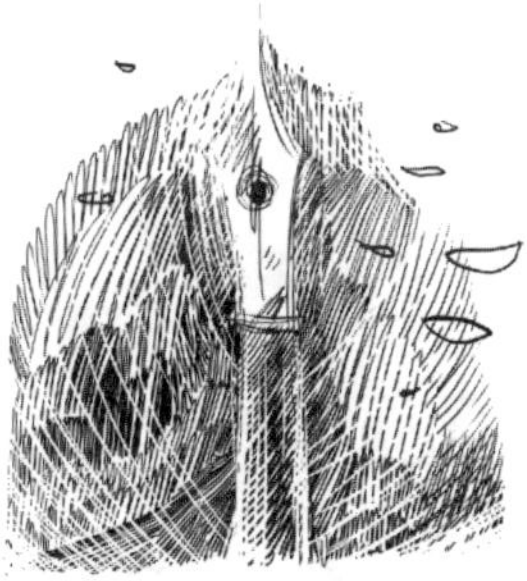

मैं अपने गीत-ग़ज़लों से उसे पैग़ाम करता हूँ
उसी की दी हुई दौलत उसी के नाम करता हूँ
हवा का काम है चलना, दीये का काम है जलना
वो अपना काम करती है, मैं अपना काम करता हूँ

***

अधूरी इक कहानी के किसी किरदार जैसे हैं
जहाँ ख़बरें दबावों में हैं, उस अख़बार जैसे हैं
हमें दुनिया ने तो दिल के चुनावों में जिताया है
गवर्नर के यहाँ बंधक मगर सरकार जैसे हैं

कृपा, रुतबा, इनायत, मेहरबानी बेअसर निकली
मुझे बदनाम करने की निशानी बेअसर निकली
मेरे हर लफ़्ज़ का जादू ज़माने की ज़बाँ पर है
तुम्हारी साज़िशों की हर कहानी बेअसर निकली

***

सियासत मैं तेरा खोया या पाया हो नहीं सकता
तेरी शर्तों पे ग़ायब या नुमायाँ हो नहीं सकता
भले साज़िश से गहरे दफ़्न मुझ को कर भी दो, पर मैं
सृजन का बीज हूँ मिट्टी में ज़ाया हो नहीं सकता

हर एक कपड़े का टुकड़ा माँ का आँचल हो नहीं सकता
जिसे दुनिया को पाना हो वो पागल हो नहीं सकता
ज़फ़ाओं की कहनी जब तलक इसमें न शामिल हो
वफ़ाओं का कोई क़िस्सा मुकम्मल हो नहीं सकता

***

कोई कब तक महज़ सोचे, कोई कब तक महज़ गाए
इलाही क्या ये मुमकिन है कि कुछ ऐसा भी हो जाए
मेरा महताब उसकी रात के आग़ोश में पिघले
मैं उसकी नींद में जागूँ, वो मुझमे घुल के सो जाए

विदुर का भीष्म का पद अश्रु प्रक्षालन नहीं भूला
कठिन व्रत द्रोण इंगित तपस्पथचालन नहीं भूला
कुटिल लाक्षागृहों के फेर में तूणीर टाँगा है
मगर शर का प्रखर हत लक्ष्य संचालन नहीं भूला

***

गिरेबाँ चाक करना क्या है, सीना और मुश्किल है
हरेक पल मुस्कुराकर अश्क पीना और मुश्किल है
हमारी बदनसीबी ने हमें इतना सिखाया है
किसी के इश्क में मरने से जीना और मुश्किल है

अगर मौसम हो मनभावन तो तेरी याद आती है
झरे मेघों से गर सावन तो तेरी याद आती है
कहीं रहमान की 'जय हो' को सुन कर गर्व के आँसू
करें आँखों को जब पावन तो तेरी याद आती है

***

हर एक खोने, हर एक पाने में तेरी याद आती है
नमक आँखों में घुल जाने में तेरी याद आती है
तेरी अमृत भरी लहरों को क्या मालूम गंगा माँ
समंदर पार वीराने में तेरी याद आती है

हर एक ख़ाली पड़े आलिन्द, तेरी याद आती है
सुबह के ख़्वाब के मानिंद तेरी याद आती है
हेलो, हे, हाय! सुन कर के तो नहीं आती, मगर हमसे
कोई कहता है जब 'जय हिंद', तेरी याद आती है

***

कोई देखे जनम-पत्री तो तेरी याद आती है
कोई व्रत रख ले सावित्री तो तेरी याद आती है
अचानक मुश्किलों में हाथ जोड़े, आँख मूँदे जब
कोई गाता हो गायत्री तो तेरी याद आती है

सुझाए माँ जो मुहूरत तो तेरी याद आती है
हँसे जब बुद्ध की मूरत तो तेरी याद आती है
कहीं डॉलर के पीछे छिप गए भारत के नोटों पर
दिखे गाँधी की जो सूरत तो तेरी याद आती है

***

हमें बेहोश कर साक़ी, पिला भी कुछ नहीं हम को
करम भी कुछ नहीं हम को, सिला भी कुछ नहीं हम को
मुहब्बत ने दिया है सब, मुहब्बत ने लिया है सब
मिला भी कुछ नहीं हम को, गिला भी कुछ नहीं हम को

ये चादर सुख की मौला क्यूँ, सदा छोटी बनाता है
सिरा कोई भी थामो, दूसरा ख़ुद छूट जाता है
तुम्हारे साथ था तो मैं ज़माने भर में रुसवा था
मगर अब तुम नहीं हो तो, ज़माना साथ गाता है

***

न पाने की ख़ुशी है कुछ, न खोने का ही कुछ ग़म है
ये दौलत और शोहरत सिर्फ़ कुछ ज़ख़्मों का मरहम है
अजब सी कश्मकश है रोज़ जीने, रोज़ मरने में
मुकम्मल ज़िन्दगी तो है, मगर पूरी से कुछ कम है

किसी के दिल की मायूसी जहाँ से हो के गुज़री है
हमारी सारी चालाकी वहीं पे खो के गुज़री है
तुम्हारी और मेरी रात में बस फ़र्क़ इतना है
तुम्हारी सो के गुज़री है, हमारी रो के गुज़री है

***

भँवर में हैं सफ़ीना लेके हम पतवार बैठे हैं
किनारे दर्द की बस्ती के साहूकार बैठे हैं
तुम्हारे ख़्वाब में आने की हसरत आज भी है, पर
सुना है द्वार पर पलकों के पहरेदार बैठे हैं

अगर दिल ही मुअज़्ज़न हो, सदाएँ काम आती हैं
समन्दर में सभी माफ़िक़ हवाएँ काम आती हैं
मुझे आराम है ये दोस्तों की मेहरबानी है
दुआएँ साथ हों तो सब दवाएँ काम आती हैं

***

तुम्हीं पे मरता है ये दिल, अदावत क्यों नहीं करता
कई जन्मों से बंदी है, बग़ावत क्यों नहीं करता
कभी तुम से थी जो वो ही शिक़ायत है ज़माने से
मेरी तारीफ़ करता है, मुहब्बत क्यों नहीं करता

ग़मों को आबरू अपनी ख़ुशी को ग़म समझते हैं
जिन्हें कोई नहीं समझा उन्हें बस हम समझते हैं
क़शिश ज़िन्दा है अपनी चाहतों में जान-ए-जाँ क्यूँकि
हमें तुम कम समझती हो, तुम्हें हम कम समझते हैं

***

ये तेरी बेरुख़ी की हम से आदत ख़ास टूटेगी
कोई दरिया न ये समझे कि मेरी प्यास टूटेगी
तेरे वादे का तू जाने, मेरा वो ही इरादा है
कि जिस दिन साँस टूटेगी उसी दिन आस टूटेगी

मेरी आँखों में रोशन है जो वीरानी, तुम्हारी है
बिछुड़ कर तुम से ज़िन्दा हूँ ये हैरानी, तुम्हारी है
मेरी हर साँस में लय है तुम्हारे दर्द की मुश्किल
मगर इस दर्द की हर एक आसानी, तुम्हारी है

***

हज़ारों रात का जागा हूँ, सोना चाहता हूँ अब
तुझे मिलके मैं ये पलकें भिगोना चाहता हूँ अब
बहुत ढूँढा है तुझ को ख़ुद में, इतना थक गया हूँ मैं
कि ख़ुद को सौंप कर तुझ को, मैं खोना चाहता हूँ अब

ये दिल बर्बाद कर के इसमें क्यों आबाद रहते हो
कोई कल कह रहा था तुम इलाहाबाद रहते हो
ये कैसे शोहरतें मुझको आता कर दीं मेरे मौला
मैं सब कुछ भूल जाता हूँ मगर तुम याद रहते हो

***

प्रथम पद पर वतन ना हो तो हम चुप रह नहीं सकते
किसी शव पर क़फ़न ना हो तो हम चुप रह नहीं सकते
भले सत्ता को कोई भी सलामी दे न दे लेकिन
शहीदों को नमन ना हो तो हम चुप रह नहीं सकते

जले कश्मीर की वादी तो हम चुप रह नहीं सकते
अराजक हों अगर खादी तो हम चुप रह नहीं सकते
भले शिशुपाल के निन्यान्नवे अपराध सहते हों
मगर संसद हो अपराधी तो हम चुप रह नहीं सकते

***

फसल पानी को तरसेगी तो हम चुप रह नहीं सकते
फ़क़त दिल्ली ही हर्षेगी तो हम चुप रह नहीं सकते
मिटाकर गाँव की हस्ती अगर शासन-प्रशासन की
कृपा महलों में बरसेगी तो हम चुप रह नहीं सकते

क़लम के जिस्म भी चुप हों तो हम चुप रह नहीं सकते
कला की क़िस्म भी चुप हों तो हम चुप रह नहीं सकते
भरे दरबार में लज्जा उघाड़ी जा रही घर की
पितामह भीष्म भी चुप हों तो हम चुप रह नहीं सकते

***

पुरानी दोस्ती को इस नई ताक़त से मत तोलो
ये सम्बन्धों की तुरपाई है, षड्यंत्रों से मत खोलो
मेरे लहजे की छेनी से गढ़े कुछ देवता जो तब
मेरे लफ़्ज़ों पे मरते थे, वे अब कहते हैं मत बोलो

मुझे वो मार कर ख़ुश है कि सारा राज उस पर है
यक़ीनन कल है मेरा, आज बेशक उसका आज है
उसे ज़िद थी, झुकाओ सर, तभी दस्तार बख़्शूँगा
मैं अपना सर बचा लाया, महल और ताज उस पर है

***

यशस्वी सूर्य अम्बर चढ़ रहा है, तुमको सूचित हो
विजय का रथ सुपथ पर बढ़ रहा है, तुमको सूचित हो
अवाचित पत्र मेरे जो नहीं खोले तलक तुमने
समूचा विश्व उनको पढ़ रहा है, तुमको सूचित हो

सहज अंतर में उद्गम बन रहा है, तुमको सूचित हो
भ्रमित 'मैं' अंततः 'हम' बन रहा है, तुमको सूचित हो
कभी जो क्रूर मंगल-गान सुनकर डगमगाया था
वही स्वरभंग, सरगम बन रहा है, तुमको सूचित हो

***

विगत का ताप घटता जा रहा है, तुमको सूचित हो
दिवस क्षण में सिमटता जा रहा है, तुमको सूचित हो
तपस्वी, सिद्ध, परिजन भी नहीं जिससे छुड़ा पाए
वही भ्रमपाश कटता जा रहा है, तुमको सूचित हो

समर जो शेष था वो जय हुआ है, तुमको सूचित हो
समय का तेज मुझमें लय हुआ है, तुमको सूचित हो
'सृजन है अर्थ से वंचित' सदा यह सार था जिसका
उसी अवधारणा का क्षय हुआ है, तुमको सूचित हो

***

नवल हो कर पुराना जा रहा है, तुमको सूचित हो
पुनः यौवन सुहाना आ रहा है, तुमको सूचित हो
जिन्हें सुन कर कभी तुमने कहा था—'मौन हो जाओ'
वो धुन सारा ज़माना गा रहा है, तुमको सूचित हो

सुशोभन आप ही से हम नहीं हैं, तुमको सूचित हो
समय हम से अधिक अनुपम नहीं है, तुमको सूचित हो
तुम्हारी कामना के कोटरों में अप्रवेशित हम
किसी व्रत के फलित से कम नहीं हैं, तुमको सूचित हो

***

हमारा कथ्य ताना जा रहा है, तुमको सूचित हो
हमीं से अर्थ जाना जा रहा है, तुमको सूचित हो
सहज प्रेमिल क्षणों की मूक–भाषा के प्रसारण में
हमें पर्याप्त माना जा रहा है, तुमको सूचित हो

अकल्पित साधना आकाश पर है, तुमको सूचित हो
अकिंचन भावना अवकाश पर है, तुमको सूचित हो
सरस ॠतुचक्र के स्वामी भुवन मोहन कन्हैया की
सलोनी दृष्टि इस विश्वास पर है, तुमको सूचित हो

***

हमारी दृष्टि भाषित हो रही है, तुमको सूचित हो
युयुत्सा फिर पिपासित हो रही है, तुमको सूचित हो
उजाला धर रहा है चन्द्रमा दिन की मुंडेरो पर
निशा हर दिन प्रकाशित हो रही है, तुमको सूचित हो

माँग मुझ से है ख़ास दुनिया की
लफ़्ज़ मेरे हैं आस दुनिया की
क़तरा-क़तरा है शायरी मेरी
दरिया-दरिया है प्यास दुनिया की

***

इक अधूरी जवानी का क्या फ़ायदा
बिन कथानक कहानी का क्या फ़ायदा
जिसमें धुलकर नज़र भी न पावन बने
आँख में ऐसे पानी का क्या फ़ायदा

दूर तू है मगर मैं तेरे पास हूँ
दिल है तू गर तो दिल का मैं एहसास हूँ
प्रार्थना या इबादत या पूजा कोई
भावना है अगर तू, मैं विश्वास हूँ

***

वक़्त के क्रूर छल का भरोसा नहीं
आज जी लो कि कल का भरोसा नहीं
दे रहे हैं वो अगले जनम की ख़बर
जिनको अगले ही पल का भरोसा नहीं

प्यार में इब्तदा का मज़ा लीजिए
उसमें ही इन्तहा का मज़ा लीजिए
प्यार का व्याकरण, आचरण है अलग
प्यार की 'ना' में 'हाँ' का मज़ा लीजिए

***

हमें इक़रार करना चाहिए था
मुकम्मल प्यार करना चाहिए था
ये सोचा था कि मर जायेंगे तुम बिन
जो सोचा था तो मरना चाहिए था

सुई धागे में डाल कर रखना
मेरे क़िस्से को पाल कर रखना
लौटते वक़्त काम आएगी
ये उदासी सँभाल कर रखना

***

मेरी रुसवाई कर के नाख़ुश हैं
उन के चेहरे की सियाही ये है
मेरे होने से दुखी हैं कुछ लोग
मेरे होने की गवाही ये है

ख़ुद से मुँह मोड़ तो नहीं सकते
हम तुम्हें छोड़ तो नहीं सकते
दिल जो तोड़ा है तुमने शिद्दत से
अब इसे जोड़ तो नहीं सकते

***

भूख द्वारे खड़ी है तो क्या गीत हो
आँसुओं की घड़ी है तो क्या गीत हो
लाज की द्रौपदी आज बाज़ार में
तन उघाड़े खड़ी है तो क्या गीत हो

यूँ हमारा हृदय तोड़ कर क्या मिला
यूँ अकेला हमें छोड़ कर क्या मिला
और भी तो कई रूप थे घात के
प्रीत का नाम यूँ ओढ़ कर क्या मिला

***

हाथ अगर जुड़ कर रहते हैं तो प्रणाम बन जाते हैं
संकल्पों की पुण्यवेदी पर सभी काम बन जाते हैं
अगर आत्मा रहे निरंतर मन के, मानस के संग में
तो पर-पीड़ा को पीने वाले स्वयं राम बन जाते हैं

किस्मत सपन सँवार रही है, सूरज पलकें चूम रहा है
यूँ तो जिसकी आहट भर से धरती अम्बर झूम रहा है
नाच रहे है जंगल, पर्वत, मोर, चकोर सभी, लेकिन
उस बादल की पीड़ा समझो जो बिन बरसे घूम रहा है

***

हो काल-गति से परे चिरंतन, अभी वहाँ थे, अभी यहीं हो
कभी धरा पर, कभी गगन में, कभी कहीं थे, कभी कहीं हो
तुम्हारी राधा को भान है तुम सकल चराचर में हो उपस्थित
बस एक मेरा है भाग्य मोहन कि जिस में हो कर भी तुम नहीं हो

न द्वारिका में मिले बिराजे, बिरज की गलियों में भी नहीं हो
न योगियों के हो ध्यान में तुम, अहं जड़े ज्ञान में नहीं हो
तुम्हें ये जग ढूँढ़ता है कान्हा, मगर इसे ये ख़बर नहीं है
बस एक मेरा है भाग्य, मोहन! अगर कहीं हो तो तुम यहीं हो

***

एक दो दिन में वो इक़रार कहाँ आएगा
हर सुबह एक ही अख़बार कहाँ आएगा
आज बाँधा है जो इनमें तो बहल जाएँगे
रोज़ इन बाँहों का त्योहार कहाँ आएगा

ज़िस्म का आख़िरी मेहमान बना बैठा हूँ
एक उम्मीद का उन्वान बना बैठा हूँ
वो कहाँ है ये हवाओं को भी मालूम है पर
एक मैं ही हूँ जो अनजान बना बैठा हूँ

***

हमें क्या ग़म है ये ग़म को पता चला-न-चला
हमारी चश्म-ए-नम को पता चला-न-चला
किसी के आने की हम को ख़बर हुई-न-हुई
किसी के जाने का हम को पता चला-न-चला

महफ़िल, मुक़ाम, रास्ते और ग़म उदास हैं
ख़ुद में जो ज़ब्त हैं सभी मौसम उदास हैं
किस-किस से पूछिएगा बेहल सवाल ये
सब ही उदास हैं या फ़क़त हम उदास हैं

***

लहर का ख़म निकाला जा रहा है
नदी पर बाँध डाला जा रहा है
कहाँ नीदें मेरी पलकों में ठहरें
किसी का ख़्वाब पाला जा रहा है

न समझा किसी ने, न जाना किसी ने
न हम ने बताया, न माना किसी ने
मुहब्बत के ये क़ायदे भी अजब हैं
न खोना किसी ने, न पाना किसी ने

***

वही कच्चे आमों के दिन गाँव में हैं
वही नर्म छाँवों के दिन गाँव में हैं
मगर ये शहर की अजब उलझनें हैं
न तुम गाँव में हो, न हम गाँव में हैं

क़ायम रहे ख़ुदा पे वो ईमान मुबारक
ईमान मुकम्मल हो ये अरमान मुबारक
दिल-जिस्म-रूह पाक रहे दौर-ए-इबादत
अल्लाह के बन्दों को हो रमज़ान मुबारक

***

फलक पे भोर की दुल्हन यूँ सज के आई है
ये दिन उगा है या सूरज के घर सगाई है
अभी भी आते हैं आँसू मेरी कहानी में
कलम में शुक्र-ए-ख़ुदा है कि 'रोशनाई' है

शेर किस पर कहा ये सोच के हैरान हुआ
शेर भी ज़ाया हुआ मैं भी पशेमान हुआ
वो शरीफ़ों की तरह कितने नसीबों में रहा
मैं फ़क़त उसका हुआ और मैं बदनाम हुआ

***

बात ऊँची थी मगर बात ज़रा कम आँकी
उस ने जज़्बात की औक़ात ज़रा कम आँकी
वो फ़रिश्ता मुझे कह कर ज़लील करता रहा
मैं हूँ इन्सान, मेरी ज़ात ज़रा कम आँकी

तू अगर चाहे तो बर्बाद कर मुझे मौला
इस बहाने ही सही याद कर मुझे मौला
मैं थक गया हूँ इस किरदार को जीते-जीते
जिस्म की क़ैद से आज़ाद कर मुझे मौला

***

दिल में रहने के तक़ाज़े बहुत पुराने हैं
कुछ मकानों के किराये मगर चुकाने हैं
मैं इन्हें ख़ुद से अलग रक्खूँ तो कैसे रक्खूँ
इन थकानों के मेरे पाँवों में ठिकाने हैं

तेरी दुनिया, तेरी उम्मीद तुझे मिल जाए
चाँद! इस बार तेरी ईद तुझे मिल जाए
जिसकी यादों में चराग़ों सा जला है शब-भर
उस सहर-रुख़ की कोई दीद तुझे मिल जाए

***

इश्क़ मैंने किया पाक़ीज़ा इबादत की तरह
और दुनिया ने मुझे समझा तिजारत की तरह
मेरे अन्दर हूँ, मैं दुनिया से यूँ महफ़ूज़ मगर
शोहरतें राह में लटकीं हैं इबारत की तरह

मशहूर हो गए हम बस आपकी बदौलत
बानूर हो गए हम बस आपकी बदौलत
सपनों से, रोशनी से, ख़्वाहिशों से और ख़ुद से
फिर दूर हो गए हम बस आपकी बदौलत

***

तुझे सोचने में ये दिन गया, तुझे माँगने में ये शब गई
मेरी ज़ीस्त से मैं विदा हुआ, मेरी ज़िन्दगी से तू कब गई
मेरे दिल के ख़ाली सराय में किसी शाम कोई जो रुक गया
मुझे बारहा ये भरम हुआ, कि तू अब गई कि तू अब गई

तेरे लब पर मेरे लब आ गए तो
कि साहिल पर समंदर आ गए तो
हमारी चाह के आँगन खुले हैं
हमारे जिस्म अन्दर आ गए तो?

***

ग़म में हूँ या हूँ शाद, मुझे ख़ुद पता नहीं
ख़ुद को भी हूँ मैं याद, मुझे ख़ुद पता नहीं
मैं तुझ को चाहता हूँ मगर माँगता नहीं
मौला मेरी मुराद मुझे ख़ुद पता नहीं

कितने ही दोस्त हैं पर यार कहाँ हैं हम पर
खूब इज़्ज़त है मगर प्यार कहाँ हैं हम पर
ये नवाज़िश है या साज़िश है ख़ुदा ही जाने
सिर्फ़ तारीख़ें हैं, त्योहार कहाँ हैं हम पर

***

मेरी आँखों से ये छाला नहीं जाता मौला
इनसे तो ख़्वाब भी पाला नहीं जाता मौला
बख़्श दे अब तो रिहाई मेरे अरमानों को
मुझ से ये दर्द सँभाला नहीं जाता मौला

रास्ते ग़ुफ़्तगू के क्यूँ नहीं खोले जानाँ
आप भी चुप रहे, हम भी नहीं बोले जानाँ
ख़्वाब का देखना इतना बड़ा गुनाह नहीं
ख़्वाब पलकों की तराज़ू पे क्यूँ तोले जानाँ

***

ये महज़ पल है तो इक पल में ही टल जाएगा
और अगर जादू है तो आज भी चल जाएगा
मेरी मिट्टी का खिलौना मुझे वापस कर दो
जिस्म बच्चा है खिलौने से बहल जाएगा

तुम्हारे होने से किस-किस को आस क्या-क्या है
तुम्हारी आम सी बातों में ख़ास क्या-क्या है
ये तुम ने हम को सिखाया है अपने होने से
भले वो कोई हो इन्सां के पास क्या-क्या है

***

क़ता'त

चंद चेहरे लगेंगे अपने से
ख़ुद को पर बेक़रार मत करना
आख़िरश दिल्लगी लगी दिल पर
हम न कहते थे प्यार मत करना

***

तुम्हारे राजमहलों में भले गूँजे तुम्हारी जय
जो स्वर तुमने ख़रीदे हैं, तुम्हें वो ही अदा होंगे
मगर कच्चे घरों में रहने वाले सच्चे लोगों की
नई नस्लों में मेरे सुर सजे नग़मे सदा होंगे

***

जहाँ पर ख़त्म होती थी मेरी ख़्वाहिश की ज़िद कल तक
उसी एक मोड़ तक ख़ुद के सफ़र को मोड़ रक्खा है
किताब-ए-ज़िन्दगी यूँ पढ़ रही है आज कुल दुनिया
तुम्हारे नाम का अब भी वरक़ इक छोड़ रक्खा है

वही मौसम, वही महफ़िल, वही सुर–शब्द के पंछी
मोहब्बत के लिए मिलकर फ़िज़ां मौज़ूँ बनाएँगे
इन्हें तो जोड़ने हैं दिल, तो नक़्शों से इन्हें क्या है
ये सरहद की हदों से पार आकर गुनगुनाएँगे

***

रात की सिलवटों पे फैले हुए
ओस के फूल चुन भी लेता हूँ
तुम तबस्सुम से कह भी देती हो
मैं निगाहों से सुन भी लेता हूँ

***

दिल में रहते थे जो कभी अब वो
दिल की जाँ ही निकाल देते हैं
इतना आसान हो गया हूँ मैं
लोग मुश्किल में डाल देते हैं

जो सवालों की आबरू लूटें
उनको ज़ाहिर जवाब क्या करना
आँख ने मुस्करा के डाँट दिया
यूँ ही पानी ख़राब क्या करना

***

अपना कार-ए-जहाँ मुकम्मल है
आपकी ख़ूब मेहरबानी है
रोज़ बस इंतज़ार करना है
रोज़ बस आस टूट जानी है

***

नेकियों का सिला बदी में मिले
और शोहरत की कमाई क्या है
इस बुलंदी पे आ के जाना है
अच्छा होने में बुराई क्या है

आप की दुनिया के बेरंग अँधेरों के लिए
रात भर जाग कर एक चाँद चुराया मैंने
रंग धुँधले हैं तो इनका भी सबब मैं ही हूँ
एक तस्वीर को क्यूँ इतना सजाया मैंने

***

वो नज़ारे जो कभी शौक़-ए-तमन्ना थे मुझे
कर दिए एक नज़र में ही पराए उस ने
रंग-ए-दुनिया भी बस अब स्याह और सफ़ेद लगे
मेरी दुनिया से यूँ कुछ रंग चुराए उस ने

***

नया निज़ाम, नयी बंदिशें, ऐलान नया
हम फ़क़त लश्कर-ए-शाही के ही माफ़िक़ सोचें
साहिब-ए-वक़्त ने ये हुक़्म किया है जारी
अपनी नस्लों से कहो, मेरे मुताबिक़ सोचें

खेल एहसास के, इनाम में सिक्के औ' हवस
आप ही खेलिए हम से नहीं खेले जाते
मुंबई, तुझसे मुहब्बत तो है हमको लेकिन
इस मुहब्बत के तकाज़े नहीं झेले जाते

***

ख़ुद से मिलकर जो ज़माने की समझ जागी है
अब ज़माने की ये मुश्किल है कि समझाए क्या
वरना जो कुछ है किताबों में अगर वो ही करे
आदमी मर ही न जाये तो क्या मर जाये क्या

***

पुराने दोस्त जमे हैं मुंडेर पर छत की
ये शाम रात से पहले ढली-ढली सी लगे
तुम्हारा ज़िक्र मिला है नरम हवा के हाथ
हमें ये जाड़े की आमद भली-भली सी लगे

राब्ते कह रहे हैं चुप ही रह
मेरा किरदार कह रहा है 'लड़'
मेरे हथियार छीन कर मुझसे
मेरा सरदार कह रहा है 'लड़'

***

पत्थरों के शहर में सिरजा हुआ
झूठ का काँचघर मुबारक हो
हट गई जड़ से लो मिट्टी सारी
दीमको! ये शजर मुबारक हो

***

किसी को सोच-सोच कर अपना
इतना नुक्सान करना मत सीखो
मुझ से नाराज़ रहने वालो तुम
ख़ुद से ख़ुश रहने की आदत सीखो

जो बसेरा है अपनी रातों का
सब उसे आसमान कहते हैं
छत पे बारिश ने रात काटी है
गीले-गीले निशान कहते हैं

***

धूप भी खुल के कुछ नहीं कहती
रात ढलती नहीं थम जाती है
सर्द मौसम की एक दिक़्क़त है
याद तक जम के बैठ जाती है

***

अब कोई और न धोखा देगा
इतनी उम्मीद तो वापस कर दे
हम से हर ख़्वाब छीनने वाले
हमारी नींद तो वापस कर दे

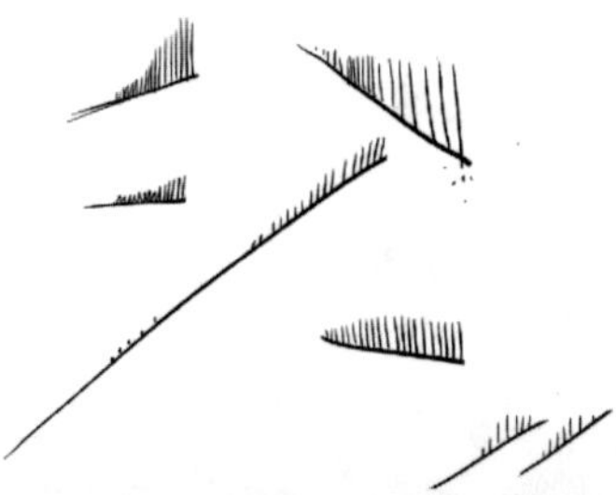

हिम्मत-ए-रौशनी बढ़ जाती है
हम चिराग़ों की इन हवाओं से
कोई तो जा के बता दे उस को
दर्द बढ़ता है अब दुआओं से

***

जो किए ही नहीं कभी मैंने
वो भी वादे निभा रहा हूँ मैं
मुझसे फिर बात कर रही है वो
फिर से बातों में आ रहा हूँ मैं

***

तेरी ख़ुशरंग उदासी में जो सन्नाटा है
मैं उसको अपने क़हक़हों से आ गुलज़ार करूँ
तेरी ये शर्त कि बस एक बार मिलना हो
मेरी ये ज़िद है कि बस एक बार प्यार करूँ

मैं ऐसे दरिया के कब से मुहाने बैठा हूँ
घड़ी-घड़ी में समंदर दिखाने लगता है
ये मेरा दिल भी एक ज़िद्दी बुज़ुर्ग जैसा है
जो रात होते ही क़िस्से सुनाने लगता है

***

जो बातचीत के असली हिमायती थे कभी
वो बातचीत को मुँहजोरियाँ समझते हैं?
मैं जो चुप रहता हूँ तो मेरे कुछ कमज़र्फ़ अज़ीज़
मेरे लिहाज़ को कमज़ोरियाँ समझते हैं

***

तेरे वजूद की रग-रग में यूँ पैबस्त हैं हम
हमारे दावे की अज़ीयत को आज़माया कर
हमें क़ुबूल नहीं है तेरा उदास बदन
तू अपने आप से मिल कर भी मुस्कुराया कर

सारे गुलशन में तुझे ढूँढ़ के मैं नाकारा
अब हर इक फूल को ख़ुद अपना पता देता हूँ
कितने चेहरों में झलक तेरी नज़र आती है
कितनी आँखों को मैं बेबात जगा देता हूँ

***

भटक कर आ गए उस राह में शब-ए-हिज्राँ
जहाँ ज़मीं न मिले और फ़लक नहीं पहुँचे
तेरी गिरफ़्त से छूटना न रास आया हमें
ऐसे आज़ाद हुए, ख़ुद तलक नहीं पहुँचे

***

अजब है क़ायदा दुनिया-ए-इश्क़ का मौला
फूल मुरझाये तब उस पर निखार आता है
अजीब बात है तबीयत ख़राब है जब से
मुझ को तुम पे कुछ ज़्यादा प्यार आता है

घर से निकला हूँ तो निकला है घर भी साथ मेरे
देखना ये है कि मंज़िल पे कौन पहुँचेगा
मेरी क़श्ती में भँवर बाँध के दुनिया ख़ुश है
दुनिया देखेगी कि साहिल पे कौन पहुँचेगा

***

ज़ायचा देख के बोला ये नजूमी मुझ से
जो भी माँगा है वो हर हाल में मिल जाएगा
क्या मुबारक है नया साल जो मैं ख़ुश होऊँ
वो जो बिछुड़ा है क्या इस साल में मिल जायेगा?

***

एक पहाड़े सा मेरी उँगलियों पे ठहरा है
तेरी चुप्पी का सबब क्या है? इसे हल कर दे
ये फ़क़त लफ़्ज़ हैं तो रोक दे रस्ता इन का
और अगर सच है तो फिर बात मुकम्मल कर दे

लफ़्ज़ के जुगनू ज़माने के अँधेरों से निकाल
मैंने छोड़े हैं उजालों में उजाला करने
अनगिनत आँखों से गुज़रा हुआ शायर तेरा
फिर उन्हीं पलकों में आया है ठिकाना करने

***

तूने तो तर्क किया ख़ुद ही त'अल्लुक़ मुझ से
दिल मगर मेरा रखे तुझ से वास्ता क्यूँ है
तुझ को जाना है मुझे छोड़ के, मालूम है मुझे
तू रूठने के बहाने तलाशता क्यूँ है

***

बड़ी आसानी से कह देता है अनकहनी भी
मगर एक 'हाँ' है जो कहने पे तौलता है बहुत
मैं बोलता हूँ तो सुनता ही नहीं बात मेरी
मैं चुप रहूँ तो वो मुझ में ही बोलता है बहुत

आँख की छत पे टहलते रहे काले साए
कोई पलकों में उजाले नहीं भरने आया
कितनी दीवाली गईं, कितने दशहरे बीते
इन मुंडेरों पे कोई दीप न धरने आया

***

चाँद को इतना तो मालूम है कि तू प्यासी है
तो फिर उस के निकलने का इंतज़ार न कर
भूख गर ज़ब्त से बाहर है तो कैसा रोज़ा?
इन गवाहों की ज़रूरत पे मुझे प्यार न कर

***

एक-दो रोज़ में हर आँख ऊब जाती है
मुझ को मंज़िल नहीं, रस्ता समझने लगते हैं
जिन को हासिल नहीं वो जान देते रहते हैं
जिन को मिल जाऊँ वो सस्ता समझने लगते हैं

देखा जो मैंने आज ज़रा ख़ुद में झाँक कर
ख़्वाबों के कबूतर सभी पर खोल रहे थे
सावन में सुना है कि हरा हो गया मंज़र
कुछ जख़्म पुराने भी यही बोल रहे थे

***

शहर से आने वाले राज-रस्ते
कभी तो गाँव का दुःख-दर्द पूछें
समन्दर की हवाएँ सो गई हैं
चलो अब नाव का दुःख-दर्द पूछें

***

तुमने अपने होंठों से जब छुई थीं ये पलकें
नींद के नसीबों में ख़्वाब लौट आया था
रंग ढूँढ़ने निकले लोग जब क़बीले के
तितलियों ने मीलों तक रास्ता दिखाया था

उठा पलकों को जिस ने दिन उगाया था फ़लक पर
उसी की ज़ुल्फ़ का रातों पे साया हो गया है
नज़र का एक पुरज़ा छत पे फेंका है किसी ने
जिसे पढ़ने में पूरा चाँद ज़ाया हो गया है

***

तुझ को ग़ुरूर-ए-हुस्न है मुझ को सुरूर-ए-फ़न
दोनों को ख़ुदपसंदगी की लत बुरी भी है
तुझ में छुपा के ख़ुद को मैं रख दूँ, मगर मुझे
कुछ रख के भूल जाने की आदत बुरी भी है

***

माँ, बहन, बेटी या महबूब के साए से जुदा
एक लम्हा न हो उम्मीद करता रहता हूँ
एक औरत है मेरी रूह में सदियों से दफ़न
हर सदा जिस की मैं बस गीत करता रहता हूँ

वो एक बार कभी तूने बताया था मुझे
हवा से तेरे तसव्वुर की रिश्तेदारी है
सहम रहा है दीया, आज आँधियों में मेरा
अब बचे या कि बुझे तेरी ज़िम्मेदारी है

***

अपनी साँसों से बिछड़ सकता हूँ जानाँ लेकिन
ग़ैर मुमकिन है कि अब तुझसे जुदा हो जाऊँ
तू फरिश्तों की तरह हाथ उठाए रहना
मैं तेरे इश्क़ में शायद कि ख़ुदा हो जाऊँ

***

ये वो ही इरादे हैं, ये वो ही तबस्सुम है,
हर एक मोहलत में बस दर्द का आलम है
इतनी उदास बातें, इतना उदास लहजा
लगता है कि तुम को भी हम सा ही कोई ग़म है

पास रुकता भी नहीं, दिल से गुज़रता भी नहीं
वैसे लम्हा कोई ज़ाया नहीं लगता मुझ को
गाँव छोड़ा था कभी और अब यादें छूटीं
अब कोई शहर पराया नहीं लगता मुझ को

***

अपने लफ़्ज़ों से चुकाया है किराया इसका
दिलों के दरमियाँ यूँ मुफ़्त में नहीं रहती
साल दर साल मैं ही उम्र न देता इसको
तो ज़माने में मोहब्बत जवाँ नहीं रहती

***

कोई तो छू के गया है मेरे तरन्नुम को
वगरना रौशनी ऐसे कहाँ बरसती है
ये और बात कि तुम को क़ुबूल हो न सके
ये ही वो लफ़्ज़ हैं दुनिया जिन्हें तरसती है

नज़र ने मील के पत्थर गिने मगर उन से
लगाव होता नहीं है, जुड़ाव मिलते नहीं
पता नहीं था मुझे भी, कि राह में अक्सर
पड़ाव आते हैं लेकिन पड़ाव मिलते नहीं

***

बात करो रूठे यारों से
सन्नाटे से डर जाते हैं
इश्क़ अकेला जी सकता है
दोस्त अकेले मर जाते हैं

***

फिर वही दिल की गुज़ारिश
फिर वही उनका ग़ुरूर
फिर वही उनकी शरारत
फिर वही मेरा सुरूर

तुम से दूर हुआ तो जाना
तुम से दूर नहीं रह सकता
तुम से कुछ ऐसा कहना है
तुम से कभी नहीं कह सकता

***

दीपक की ज्योति मुबारक हो
इस को अपना अंतर देना
जब हवा चले, इस के सम्मुख
अपनी हथेलियाँ कर देना

***

जो हार गया निज अंतर से
उस को जीता तो क्या जीता
जो जीत गया निज क्षमता को
उस का जीवन जीवित गीता

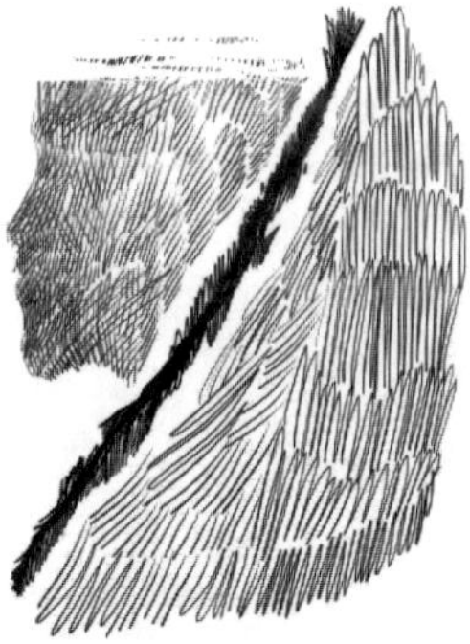

आज़ाद अशआर

चंद साँसें ख़रीदने के लिए
रोज़ कुछ ख़्वाब बेच देता हूँ

***

एक अरसे से दिल है सूना सा
तुम ने फिर घर बदल लिया है क्या

***

एक ज़रा सी ज़मीन छोड़ी थी
रात और दिन उलझ गए मेरे

तुमने कुछ पढ़ दिया दुआ में क्या
फिर तबीयत में कुछ आराम सा है

***

उसे यक़ीन था ख़ुद पे कि भूल जायेगा
हमें भी दिल पे भरोसा था याद रक्खे हैं

***

किस ने कहा, किस से कहा, ये सब कहाँ अब याद है
दिल ही ज़रा बर्बाद है, बाक़ी तो सब आबाद है

मैं रेत पर लिखता रहा कल शाम तेरा नाम
लहरें भी साहिलों पे खड़ी देखती रहीं

***

वो तो ज्ञानी हैं उन्हें सिर्फ़ बात काटनी है
मैं तो जुगनू हूँ मुझे स्याह रात काटनी है

***

चिराग़ कौन जला कर गया है चौखट पर
मैं अपने घर में कोई और सा चमकता हूँ

रोए थे एक रोज़ ज़मीं से लिपट के हम
शोले उगल रही है ज़मीं तब से आज तक

***

सारा माहौल ही मुकम्मल था
एक तुम भी अगर चले आते

***

किसकी उम्मीद में रस्ते पे जमी हैं आँखें
मेरे अशआर के भी पार है दुनिया कोई?

ख़त्म कुछ देर को दुनिया का झमेला कर दे
ख़ुद के अंदर से गुज़रना है, अकेला कर दे

***

कोई तो बात है जिस पर वो ख़फ़ा है हमसे
राब्ता रखता है पर वास्ता नहीं रखता

***

तुम जैसा मौसम घिर आया
तुम घर कब वापस आओगे

और क्या रंग देखने हैं अभी
ज़िंदगानी तेरे बहाने से

***

एक मुझको ख़रीदने के लिए
कितने बाज़ार सजा रक्खे हैं

***

मैं अगर चुप हूँ तो एहसान है ये
मान ना मान तेरी मर्ज़ी है

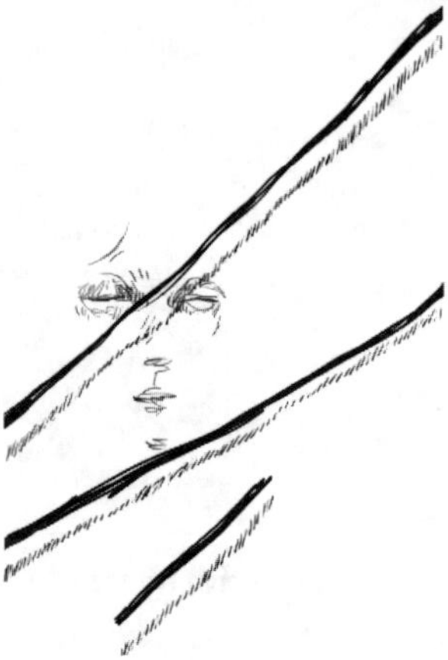

उनका दीदार वो भी आँखों से
काम मुश्किल है फिर भी करता हूँ

***

कुछ परिंदे मेरे हाथों से फिसल कर तेरी
छत पे जा बैठे हैं एहसास के मोती चुगने

***

पूजा का दीपक बिन बाले ख़ुद जल जाता है
माँ का आना घर भर को मालूम चल जाता है

कितनी नदियाँ उतर गयी इस में
कितनी नदियों को पी गया सागर

***

मैंने इक रोज़ कहा था कि ज़मीं छोटी है
तूने क्यूँ मुझ को फ़लक पे अकेला छोड़ दिया

***

चोट लगनी है मुनासिब हमारे पाँवों में
हम ने आसान कहाँ राह चुनी है लोगों

घर को दीपक मिले, आकाश को महताब मिले
इस दीवाली पे इन आँखों को, तेरा ख़्वाब मिले

***

ये भूख-प्यास-तलब जिसकी है मेहरबानी
उसी का काम है सब को मिले दाना-पानी

***

ग़ुरूर तुझ पे बहुत फ़बता है लेकिन इस को
तू अगर आसमाँ कर लेगी तो मुश्किल होगी

दिल की ज़बान सीख के पढ़ता हूँ मैं दिमाग़
क्या काम आ पड़ा है मेरे काम, ऐ ख़ुदा!

***

इस क़दर सताया है इक ख़ला ने दिल मेरा
ज़्यादा ख़ुशनुमा चेहरे आँख में नहीं टिकते

***

महफ़िल में क़हक़हे उठें और हम न हों शरीक़
इतना भी अभी अपना कलेजा दुखा नहीं

शोर थम जाये जो सीने का तो ख़ुद की भी सुनें
हम तेरे ध्यान में डूबें तो जहाँ में उबरें

***

धूप के साये बिखर आये हैं घर के अन्दर
इक अँधेरे ने मेरे मन से शिकायत की है

***

यहाँ से ढूँढ़ कर ले जाए कोई तो मुझ को
जहाँ मैं ढूँढ़ने निकला था बेख़ुदी में तुझे

मेरी साँसों की लय में चल रहे हैं, चाँद-तारे भी
ज़मीं से गरचे उठ्ठी है, फ़लक तक बात पहुँची है

***

कभी बस तेरी नज़र में जो क़ैद रहता था
वो इश्तहार सा बिखरा है सारी दुनिया में

***

सामने दुनिया है, सौ मुश्किलें हैं दुनिया की
आँख से तुम ज़रा निकलो तो इन्हें भी देखूँ

उम्र कट जाये किरच ख़ुद की ही चुगते-चुगते
आदमी इतना भी ना टूट के जोड़े ख़ुद को

***

मिलने आओगे तो आएगा ये ज़माना साथ
अगर चले न हो तो ख़ुद को भी ले आना साथ

***

वही हैं सुबहें, वही शाम, वही रात के ग़म
साल दर साल बदलता है कलेंडर फिर क्यूँ

बिछुड़ के तुझ से रही ख़ुद से भी पहचान नहीं
तेरी आदत की सज़ा जीना भी आसान नहीं

***

ख़ुद के होने का मज़ा हम में उतर कर जी ले
ज़िन्दगी, रोज़ कहाँ तुझ को मिलेंगे हम से

***

हम से सूरज पे ये ताले नहीं देखे जाते
तीरगी तुझ से उजाले नहीं देखे जाते

हम से हम भी नहीं मिलते हैं आजकल यूँ तो
तुम ने मिलने को कहा है तो चलो मिलते हैं

***

ज़मीं है, आसमाँ है, रुत है, बादल है, हवा है
अगर सब है तो फिर तुम क्यूँ नहीं हो

***

तेरा ख़याल, तेरी आरज़ू, तेरी जुम्बिश
नज़र के सामने रंगों का शामियाना है

बस थोड़ा सा सुस्ताए थे बच कर दुनियादारी से
एक पुराना ख़्वाब मिला है आँखों की अलमारी से

***

ये मेरे हाथ में जो फूल का गुलदस्ता है,
ये मेरे पाँव के काँटों पे बहुत हँसता है

***

मुझे निकाल कर वो शख़्स मेरे घर में रहा
जिस की शोहरत के लिए मैं सदा सफ़र में रहा

हम दिल का इकतारा लेकर ख़ुद बस्ती–बस्ती गाते हैं
जो काँधे–काँधे जाते हैं, वे केवल शव कहलाते हैं

***

हमें ख़ुदा ने जो बख़्शी है रूह पाकीज़ा
हमारे वक़्त के शायद किसी 'बड़े' में नहीं

***

अपने लिए बचा के रखी रूह-ए-बेलिबास
सारा वजूद लिख दिया मसरूफ़ियत के नाम

इक रास्ता मिला है बड़ी मुश्किलों के बाद
जब से चला हूँ मुश्किलें भी मुश्किलों में हैं

***

क़ीमती होने के ख़मियाज़े उठाएँ कब तक
लोग बाज़ार में चलते हैं पहन कर हम को

***

ख़ुशियों के बेदर्द लुटेरे, ग़म बोले तो क्या होगा
प्रतिध्वनियों से डरने वाले, हम बोले तो क्या होगा

करें तो किस से करें शिकवे, करें किस से गिले
कहाँ चले थे, कहाँ पहुँचे हैं, कहाँ पे मिले

***

किसी सरकार के फ़रमान पे बेघर न हुआ
दिलों में रहने का इतना तो फ़ायदा है मुझे

***

कुछ दिन का इस पार महज़ ताना-बाना है
दूर क्षितिज के पार मुझे आख़िर जाना है

सहमी हुई है रात, सितारे उदास हैं
जागा हुआ है चाँद सुबह की उम्मीद में

***

ख़ुदा में मिलने से पहले मुझे सहेजेगी
मेरी ज़मीन से बढ़कर मुझे ख़ुदा भी नहीं

***

जबकि हर साँस मेरी, तेरी वजह से है माँ
फिर तेरे नाम का दिन एक मुक़र्रर क्यूँ है

वो जिनके पास हुक़ूमत भी है, हुजूम भी है
वो इस फ़क़ीर से क्यूँ पूछें रास्ता क्या है

***

प्रतिकूल पथ पर प्राणप्रण से चल रहा लथपथ अकेला
ढह गये सम्बन्ध पिछले हट गया निज स्वार्थ मेला

***

ख़ुदा जाने कि दुनिया कह रही है हम ही मुजरिम हैं
हमारे साँस लेने से मशालें बुझ गईं उनकी

उससे रिश्ता नहीं मगर फिर भी
कोई रिश्ता है तो बस उसी से है

***

जब भी आना उतर के वादी में
ज़रा सा चाँद लेते आना तुम

***

सादगी में उलझ गए वरना
हम भी आसान हो के जी लेते

वो एक दिन जो मुक़र्रर था मुहब्बत के लिए
वो एक दिन तो तुझे सोचने में बीत गया

***

अब उसे कैसे बताऊँ कि अकेला हूँ मैं
भीड़ में मुझ को घिरा देख के जो लौट गया

***

ज़माने के हज़ारों ऐब हम में आ गए तब से
हुज़ूर-ए-शहर की आँखों में आँखें डाल दीं जब से

क़िस्तों में अदा कर के उदासी के कर्ज़ को
हम ने हँसी ख़रीद के दुनिया में बाँट दी

***

दुनिया तो कह रही है कि वो भूल गया है
उम्मीद कह रही है 'तू इन्तज़ार कर'

***

यूँ तेरा नाम दुनिया पूछती रहती है मुझ से पर
लबों पर आज भी तेरे लबों का हुक़्म बैठा है

सितारे आँज कर पलकों की देहरी तक चली आई
तुम्हारे ख़्वाब भी आख़िर हमारी नींद ने लूटे

***

रात के जिस्म में जब पहला पियाला उतरा
दूर दरिया में मेरे चाँद का हाला उतरा

***

बहुत भले हैं मगर मुश्किलों में रहते हैं
हमारे ख़्वाब भी बिल्कुल हमारे जैसे हैं

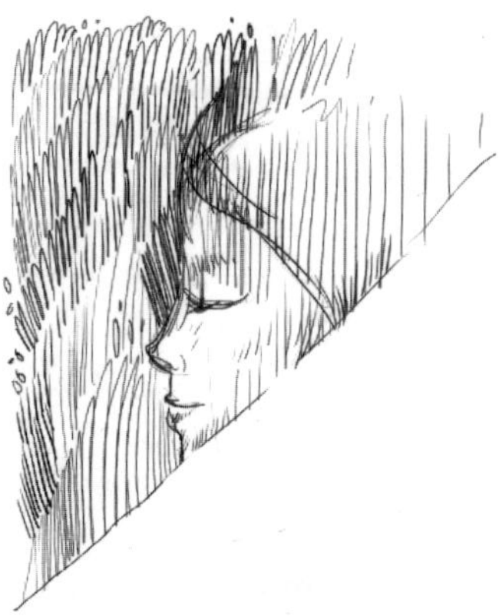

मज़ा आ जाए गर हो जाए इतना अबकी बारिश में
हमारी आँख के आँसू तुम्हारी छत पे जा बरसें

***

कौन हो तुम जो यूँ ही मुझ से चुरा कर अक्सर
मेरी हसरत को कहीं रख के भूल जाते हो

***

जिस को पाला है लहू दे के, वही दिल मेरा
तुझ से हटने को कहूँ हूँ तो मुझे डाँटे है

जैसे रहता है वो इस दिल में मसीहा बन कर
आप रहिए मेरी उम्मीद में दुनिया बन कर

***

आसमां को क्या ख़बर दुश्वारियाँ क्या थीं
इक सितारा ढूँढ़ने में दिन निकल आया

***

जब तलक मुझ में रहे, मुझ में अँधेरा ही किए
आखँ से आँसू मेरे, निकले तो सूरज हो गए

करेंगे कब तलक ख़ुद से ही, बात कटती नहीं
कोई तो हम को पुकारो कि रात कटती नहीं

***

अगर सुनो तो कहानी है उम्र भर की मगर
नहीं है मन तो चलो और कोई बात करें

***

न जाने कौन से रस्ते में कब मिलेगा मुझे
वो जो एक ख़्वाब कभी जागता सा छोड़ गया

सभी पुराने ठौर-ठिकाने, टोक रहे हैं आते-जाते
मैं भी ख़ुश हूँ, तुम भी ख़ुश हो, काश कि 'हम' भी ख़ुश हो पाते

***

उम्मीदों का फटा पैरहन रोज़-रोज़ सिलना पड़ता है
तुम से मिलने की कोशिश में किस-किस से मिलना पड़ता है

***

वैसे तो आपके हिस्से भी कम नहीं हिस्सा
इन किताबों ने भी बरबाद किया है हमको

आज भी बिखरे हैं रस्ते में अश्क़-अश्क़ मेरे
पिछली बरसात में घर छोड़ गया था कोई

***

बन्द कमरों में कहाँ ऐसी सदाएँ होंगी
ये मेरे गाँव के बरगद की हवाएँ होंगी

***

रात के नाम कुछ सफ़र लिख कर
मैंने ख़्वाबों की आबरू रख ली

क़िस्मत की धूप-छाँव का ऐसा कमाल है
मरना मुहाल था कभी जीना मुहाल है

***

नदी के रास्ते में आ गए हम
लहर बाँधीं किनारे खा गए हम

***

तेरी उम्मीद मिटते-मिटते भी
एक उम्मीद छोड़ जाती है

आईने से ना पीठ फेरो मियाँ
उस ने तुम को बहुत सँभाला है

***

मेरे पीछे जो छूट जाते हैं
वो भी मौसम सुहाने होते हैं

***

वो घर में जी के भी ख़ुद को रहीम कहता रहा
मैं राहे-जंग में मर कर कबीर होता गया

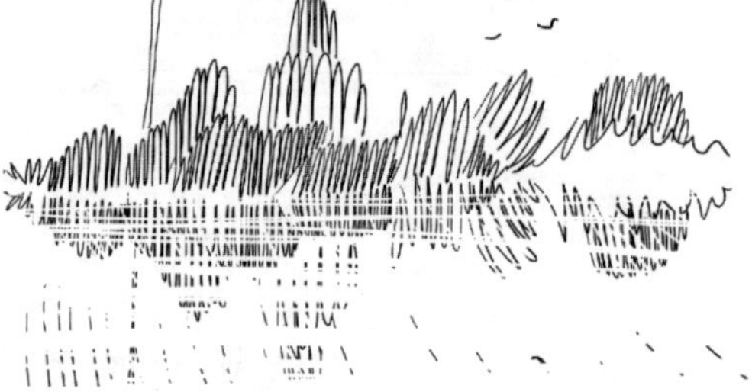

कितनी मुश्किल से मैंने ख़ुद को सुलाया कल शब
अपनी आँखों को तेरे ख़्वाब का लालच दे कर

***

पेशी हुई थी मेरी, ज़माने के सामने
पर फ़ैसला तनहाइयों में कर दिया गया

***

भँवर में जा के मयस्सर किसे साहिल होगा
हमें हासिल भी करोगी तो क्या हासिल होगा

उसी ने हँसने का सामान बना डाला हमें
लबों पे जिसको सजाया था क़हक़हों की तरह

***